Brüder Grimm
Dorothea Desmarowitz
Berg und Tal begegnen sich

Berg und Tal begegnen sich

27 bekannte und unbekannte Märchen
der Brüder Grimm u. a.
zum Vorlesen und Anschauen

Für Kinder ausgewählt
und gemalt von
Dorothea Desmarowitz

Mit einem Vorwort
der Märchenerzählerin
Sigrid Früh

Otto Maier Verlag Ravensburg

Quellennachweis

Die meisten Märchen erscheinen hier in der Fassung gemäß: „Die Kinder- und Hausmärchen der Brüder Grimm". Vollständige Ausgabe in der Urgestalt von 1812,* herausgegeben von Friedrich Panzer. Und „Kinder- und Hausmärchen", gesammelt durch die Brüder Grimm. Große Ausgabe von 1857.

„Hänsel und Gretel" (ursprünglich „Das Brüderchen und das Schwesterchen") aus: „Märchen der Brüder Grimm". Urfassung nach der Originalhandschrift der Abtei Ölenberg im Elsaß,* herausgegeben von J. Lefftz, Heidelberg 1927.

„Die Prinzessin auf dem Baum": Sammlung Ulrich Jahn: „Volksmärchen aus Pommern und Rügen", 1891.

„Der Federkönig" aus: „Deutsche Märchen seit Grimm", herausgegeben von Paul Zaunert. Eugen Diederichs Verlag 1964.

„Die Geschichte von den drei kleinen Schweinchen" aus: „Englische Volksmärchen", herausgegeben von Katherine Briggs und Ruth Michaelis-Jena. Eugen Diederichs Verlag 1974.

* Diese Märchen wurden unserer heutigen Rechtschreibung leicht angepaßt.

1 2 3   87 86 85

© 1985 by Otto Maier Verlag Ravensburg
Redaktion: Gisela Stottele
Gestaltung und Layout: Ralf Mauer, Hamburg
Printed in Germany
ISBN 3-473-35159-8

Vorwort

Seit dem Erscheinen von Bettelheims Buch „Kinder brauchen Märchen" konnte das Märchenbuch seinen Platz im Kinderzimmer nicht nur zurückerobern, sondern erfreut sich noch dazu einer wachsenden Beliebtheit. Die Bedeutung des Märchens für die kindliche Entwicklung ist inzwischen von namhaften Pädagogen und Psychologen anerkannt. Bei Erzählabenden werde ich immer wieder von Eltern um Rat gefragt, welches Märchen denn nun für welche Altersstufe am geeignetsten sei. Es freut mich daher ganz besonders, daß Dorothea Desmarowitz im vorliegenden Buch auf diese Frage sehr feinfühlig Antwort gibt.

Der erste Teil des Märchenbuches: „Vom Fressen und Gefressenwerden" wendet sich vor allem an kleinere Kinder. Die Grundbedürfnisse nach Nahrung und damit verbundener Geborgenheit werden in diesen Märchen ebenso angesprochen wie die Urangst vor dem Verlassenwerden.

Der zweite Teil heißt: „Von Kleinen und Dummen, die Großes erringen". Welches Kind empfindet nicht manchmal sich selbst schmerzlich klein und dumm gegenüber der mächtigen Erwachsenenwelt? Märchen, in denen die Kleinen siegreich die Großen überwinden, machen Kindern Mut und geben ihnen Selbstvertrauen.

Im dritten Teil geht es um die Geschwisterproblematik, um Selbstbehauptung in der Auseinandersetzung mit den anderen, um Eifersucht und ihre Überwindung.

Im letzten Teil des Buches „Das Glück suchen und finden" stehen die Loslösung vom Elternhaus verbunden mit der Welt im Mittelpunkt und die Bewährung im Leben. Die Heldenfiguren haben verschiedene Prüfungen zu überstehen, bis sie ihr Ziel erkennen und erreichen können.

Viele der Märchen sind in der Urfassung wiedergegeben. Bei der Urfassung handelt es sich um die Erstausgabe der Brüder Grimm von 1812; es war die erste Veröffentlichung, und etwas von der Frische und dem unmittelbaren Zauber des mündlichen Erzählens ist hier noch spürbar. In der Ausgabe letzter Hand wurde leider manchmal der moralische Zeigefinger erhoben, was dem Sinn des Märchens widerspricht. Der vorliegende Band enthält auch Märchen, die in den späten Ausgaben nicht mehr aufgenommen wurden, wie z. B. „Prinzessin Mausehaut", der „Sommer- und Wintergarten" und „Prinz Schwan". Die kurze, knappe und prägnante Sprache richtet den Blick auf wesentliche Aussagen des Märchens. Die Bilder geben Anstöße, sind leise, sehr imaginativ und entsprechen so dem Wesen der Märchen.

Ich wünsche diesem Buch, daß es in sehr viele Kinderhände kommt.

Kernen, September 1984   Sigrid Früh

Der goldene Schlüssel

Zur Winterszeit, als einmal tiefer Schnee lag, mußte ein armer Junge hinausgehen und Holz auf einem Schlitten holen. Wie er es nun zusammengesucht und aufgeladen hatte, wollte er, weil er so erfroren war, noch nicht nach Haus gehen, sondern sich erst Feuer anmachen und ein bißchen wärmen. Da scharrte er den Schnee weg, und wie er so den Erdboden aufräumte, fand er einen goldenen Schlüssel. Nun glaubte er, wo der Schlüssel wäre, müßte auch das Schloß sein; grub weiter und fand ein eisernes Kästchen. Ei, dachte er, wenn der Schlüssel nur paßt, denn es waren gewiß wunderbare und köstliche Sachen darin. Er suchte, aber es war kein Schlüsselloch da. Endlich fand er doch noch ein ganz kleines, und probierte, und der Schlüssel paßte gerad. Da drehte er ihn einmal herum, und nun müssen wir warten, bis er vollends aufgeschlossen hat. Dann werden wir sehen, was für wunderbare Sachen in dem Kästchen liegen:

Inhalt

1
Vom Fressen und Gefressenwerden

Vom dicken fetten Pfannekuchen	Seite 10
Vom süßen Brei	Seite 12
Die Geschichte von den drei kleinen Schweinchen	Seite 13
Rotkäppchen	Seite 17
Hänsel und Gretel	Seite 21
Der Wolf und die sieben Geißlein	Seite 25

2
Von Kleinen und Dummen, die Großes erringen

Der Federkönig	Seite 30
Der Zaunkönig	Seite 34
Des Schneiders Daumerling Wanderschaft	Seite 37
Die goldene Gans	Seite 41
Der Geist im Glas	Seite 45
Die Bienenkönigin	Seite 50
Prinzessin Mausehaut	Seite 53

3
Von Geschwistern, die sich lieben und von Geschwistern, die sich hassen

Frau Holle	Seite 56
Die drei Federn	Seite 58
Die sechs Schwäne	Seite 61
Brüderchen und Schwesterchen	Seite 65
Die Kristallkugel	Seite 69
Aschenputtel	Seite 72
Die sieben Raben	Seite 79
Der Löwe und der Frosch	Seite 81

4
Das Glück suchen und finden

Hansens Trine	Seite 86
Der Eisenhans	Seite 88
Der Froschkönig	Seite 96
Von dem Sommer- und dem Wintergarten	Seite 100
Prinz Schwan	Seite 104
Die Prinzessin auf dem Baum	Seite 108

1

Vom Fressen
und
Gefressenwerden

Vom dicken fetten Pfannekuchen

Es waren einmal drei alte Weiber, welche gern Pfannekuchen essen wollten. Da gab die erste ein Ei dazu her, die zweite Milch und die dritte Fett und Mehl. Als der dicke fette Pfannekuchen fertig war, richtete er sich in der Pfanne in die Höhe und lief den drei alten Weibern weg und lief immerzu und kantapper, kantapper in den Wald hinein. Da begegnete ihm ein Häschen, das rief:

„Dicker, fetter Pfannekuchen, bleib stehn, ich will dich fressen!"

Der Pfannekuchen antwortete:

„Ich bin drei alten Weibern entlaufen und soll dir, Häschen Wippsteert, nicht entlaufen?"

Und lief kantapper, kantapper in den Wald hinein. Da kam der Wolf herangelaufen und rief:

„Dicker, fetter Pfannekuchen, bleib stehn, ich will dich fressen!"

Der Pfannekuchen antwortete:

„Ich bin drei alten Weibern entlaufen und Häschen Wippsteert und soll dir, Wulf Dicksteert, nicht entlaufen?"

Und lief kantapper, kantapper in den Wald hinein. Da kam ein Reh herzugesprungen und rief:

„Dicker, fetter Pfannekuchen, bleib stehn, ich will dich fressen!"

Der Pfannekuchen antwortete:

„Ich bin drei alten Weibern entlaufen, Häschen Wippsteert, Wulf Dicksteert und soll dir, Rix Blixsteert, nicht entlaufen?"

Und lief kantapper, kantapper in den Wald hinein. Da kam eine Kuh herbeigerannt und rief:

„Dicker, fetter Pfannekuchen, bleib stehn, ich will dich fressen!"

Der Pfannekuchen antwortete:

„Ich bin drei alten Weibern entlaufen, Häschen Wippsteert, Wulf Dicksteert, Rix Blixsteert, und soll dir, Ko Swippsteert, nicht entlaufen?"

Und lief kantapper, kantapper in den Wald hinein. Da kam eine Sau dahergefegt und rief:

„Dicker, fetter Pfannekuchen, bleib stehn, ich will dich fressen!"

Der Pfannekuchen antwortete:

„Ich bin drei alten Weibern entlaufen, Häschen Wippsteert, Wulf Dicksteert, Rix Blixsteert, Ko Swippsteert, und soll dir, Su Haff, nicht entlaufen?"

Und lief kantapper, kantapper in den Wald hinein. Da kamen drei Kinder daher, die hatten keinen Vater und keine Mutter mehr und sprachen:

„Lieber Pfannekuchen, bleib stehen! Wir haben noch nichts gegessen den ganzen Tag!"

Da sprang der dicke, fette Pfannekuchen den Kindern in den Korb und ließ sich von ihnen essen.

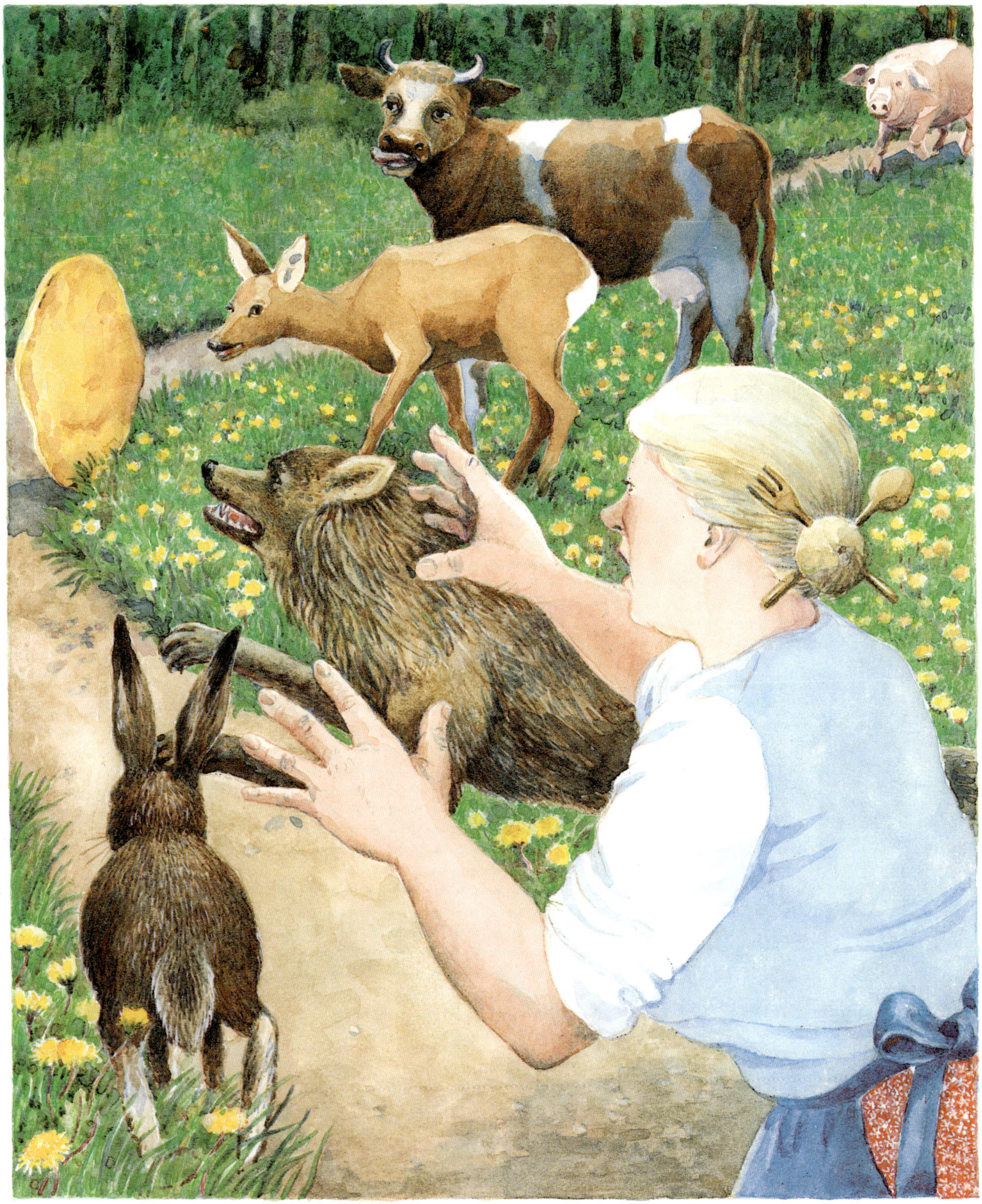

Vom süßen Brei

Es war einmal ein armes, frommes Mädchen, das lebte mit seiner Mutter allein, und sie hatten nichts mehr zu essen. Da ging das Kind hinaus in den Wald und es begegnete ihm darin eine alte Frau, die wußte seinen Jammer schon und schenkte ihm ein Töpfchen, zu dem sollte es sagen: „Töpfchen koch!" so kochte es guten, süßen Hirsebrei, und wenn es sagte: „Töpfchen steh!", so hörte es wieder auf zu kochen.

Das Mädchen brachte den Topf seiner Mutter heim, und nun waren sie ihrer Armut und ihres Hungers ledig und aßen süßen Brei, so oft sie wollten.

Auf eine Zeit war das Mädchen ausgegangen, da sprach die Mutter: „Töpfchen koch!" Da kocht es, und sie ißt sich satt.

Nun will sie, daß das Töpfchen wieder aufhören soll, aber sie weiß das Wort nicht. Also kocht es fort, und der Brei steigt über den Rand heraus, und kocht immerzu, die Küche und das ganze Haus voll, und das zweite Haus und dann die ganze Straße, als wollt's die ganze Welt satt machen und ist die größte Not, und kein Mensch weiß sich da zu helfen.

Endlich, wie nur noch ein einziges Haus übrig ist, da kommt das Kind heim und spricht nur: „Töpfchen steh!" Da steht es und hört auf zu kochen, und wer wieder in die Stadt wollte, mußte sich durchessen.

Die Geschichte
von den drei kleinen Schweinchen

Es war einmal eine alte Sau, die hatte drei kleine Schweinchen. Und weil sie nicht genug besaß, um sie zu ernähren, schickte sie die Schweinchen aus, damit sie selbst ihr Glück suchten.

Das erste ging fort und traf einen Mann mit einem Strohbündel. Es sagte zu ihm: „Mann, bitte gib mir dieses Stroh, damit ich mir ein Haus bauen kann." Der Mann gab es ihm, und das kleine Schweinchen baute sich daraus ein Haus. Gleich kam ein Wolf daher, klopfte an die Tür und sagte:

„Schweinchen klein, Schweinchen klein, laß mich hinein." Darauf antwortete das Schweinchen:

„Beim Haar an meinem Schnäuzchen, o nein, nein, nein." Da sagte der Wolf:

„Dann will ich husten und will pusten und blas dir dein Haus ein." Und er hustete und pustete und blies das Haus ein und fraß das kleine Schweinchen auf.

Das zweite Schweinchen traf einen Mann mit einem Ginsterbündel, und es sagte: „Mann, bitte gib mir dies Ginsterbündel, damit ich mir ein Haus bauen kann." Der Mann gab es ihm, und das Schweinchen baute sich ein Haus. Dann kam der Wolf daher und sagte:

„Schweinchen klein, Schweinchen klein, laß mich hinein."

„Beim Haar an meinem Schnäuzchen, o nein, nein, nein."

„Dann will ich husten und will pusten und blas dir dein Haus ein." Und er hustete und pustete und hustete und pustete, und schließlich blies er das Haus nieder und fraß das kleine Schweinchen auf.

Das dritte kleine Schweinchen traf einen Mann mit einer Fuhre Ziegel, und es sagte: „Mann, bitte gib mir diese Ziegel, damit ich mir ein Haus bauen kann." Da gab ihm der Mann die Ziegel, und es baute sich daraus ein Haus. Wie er es bei den anderen kleinen Schweinchen getan hatte, kam der Wolf daher und sagte:

„Schweinchen klein, Schweinchen klein, laß mich hinein."

„Beim Haar an meinem Schnäuzchen, o nein, nein, nein."

„Dann will ich husten und will pusten und blas dir dein Haus ein." Nun also, er hustete und pustete, und er hustete und pustete, und er hustete und pustete, aber er konnte einfach das Haus nicht niederblasen. Als er erkannte, daß er mit all seinem Husten und Pusten das Haus nicht niederblasen konnte, sagte er:

„Kleines Schweinchen, ich weiß, wo es ein schönes Rübenfeld gibt." – „Wo?" sagte das kleine Schweinchen. „Oh, in Herrn Schmieds Hausgarten, und wenn du morgen früh bereit bist, komme ich vorbei, wir gehen zusammen hin und holen etwas für das Mittagessen."

„Sehr schön", sagte das kleine Schweinchen. „Ich werde bereit sein. Um welche Zeit wolltest du gehen?" – „Ach, um sechs Uhr."

Nun, das kleine Schweinchen stand um fünf Uhr auf und holte die Rüben, noch ehe der Wolf kam. Um sechs Uhr kam der und sagte: „Kleines Schweinchen, bist du bereit?" Das kleine Schweinchen sagte: „Bereit? Ich war dort und bin schon wieder zurück, und ich habe einen schönen Topf voll Rüben fürs Mittagessen."

Der Wolf war darüber sehr ärgerlich, aber er meinte, so oder so würde er schon an das kleine Schweinchen herankommen, und so sagte er: „Kleines Schweinchen, ich weiß, wo es einen schönen Apfelbaum gibt." – „Wo?" sagte das kleine Schweinchen. „Drunten in Glücksgarten", antwortete der Wolf, „und wenn du mich nicht betrügst, komme ich morgen um fünf Uhr bei dir vorbei, und wir gehen zusammen und holen uns Äpfel."

Nun, das kleine Schweinchen stand am andern Morgen um vier Uhr eilig auf und ging fort um die Äpfel, und es hoffte, es könnte zurückkehren, ehe der Wolf käme. Aber es mußte diesmal weiter gehen, und es mußte auf einen Baum klettern. Und gerade beim Herunterklettern sah es den Wolf daherkommen, und wie ihr euch denken könnt, erschrak es da sehr. Als er herankam, sagte der Wolf: „Kleines Schweinchen, wie das? Du bist vor mir da? Sind die Äpfel schön?" – „Ja, sehr schön", sagte das kleine Schweinchen. „Ich werfe dir einen herunter." Und es warf ihn so weit, daß das kleine Schweinchen herunterspringen und heimlaufen konnte, während der Wolf gegangen war, um den Apfel aufzuheben.

— 15 —

Am nächsten Tag kam der Wolf wieder, und er sagte zu dem kleinen Schweinchen: „Kleines Schweinchen, in Spinnenhirn ist heute nachmittag Jahrmarkt, gehst du hin?" – „O ja", sagte das Schweinchen, „ich gehe hin. Wann brichst du auf?" – „Um drei Uhr", sagte der Wolf.

Da ging das kleine Schweinchen wie gewöhnlich vor der Zeit fort, und es kam auf den Jahrmarkt und kaufte da ein Butterfaß. Damit wollte es sich auf den Heimweg machen, da sah es den Wolf daherkommen. Nun wußte es nicht, was tun. So kroch es in das Faß, um sich zu verstecken, und als es das tat, kippte es das Faß um, und das rollte den Hügel hinunter mitsamt dem Schweinchen innen drin.

Darüber erschrak der Wolf so sehr, daß er nach Hause rannte und nicht auf den Jahrmarkt ging. Er kam zum Haus des kleinen Schweinchens und erzählte ihm, wie ihn ein mächtiges rundes Ding erschreckt habe, das den Hügel herunter an ihm vorübergerollt war.

Da sagte das kleine Schweinchen: „Ha, dann habe ich dich erschreckt. Ich war auf dem Jahrmarkt und habe ein Butterfaß gekauft, und als ich dich sah, kroch ich hinein und rollte den Hügel hinunter."

Darauf ärgerte sich der Wolf wirklich sehr, und er erklärte, er würde das kleine Schweinchen ganz gewiß auffressen, und er wolle durch den Kamin zu dem Schweinchen hinuntergelangen.

Als das kleine Schweinchen merkte, was er vorhatte, hing es den Kessel mit Wasser auf, schürte ein loderndes Feuer darunter an, und gerade als der Wolf herunterrutschte, nahm es den Deckel ab, und der Wolf fiel hinein. Da tat das kleine Schweinchen im Nu den Deckel wieder auf den Kessel, kochte den Wolf gar und aß ihn zum Abendbrot. Und fortan lebte es allezeit glücklich.

Rotkäppchen

Es war einmal eine kleine süße Dirn, die hatte jedermann lieb, der sie nur ansah, am allerliebsten aber ihre Großmutter.

Die wußte gar nicht, was sie dem Kind alles geben sollte. Einmal schenkte sie ihm ein Käppchen aus rotem Samt, und weil ihm das so wohl stand und es nichts anders mehr tragen wollte, hieß es nur das Rotkäppchen.

Da sagte einmal die Mutter zum ihm: „Komm, Rotkäppchen, da hast du ein Stück Kuchen und eine Flasche Wein, die bring der Großmutter hinaus, sie ist krank und schwach, da wird sie sich daran laben. Sei hübsch artig und grüß sie von mir, geh auch ordentlich und lauf nicht vom Weg ab, sonst fällst du und zerbrichst das Glas, dann hat die kranke Großmutter nichts."

Rotkäppchen versprach der Mutter, recht gehorsam zu sein. Die Großmutter aber wohnte draußen im Wald, eine halbe Stunde vom Dorf. Wie nun Rotkäppchen in den Wald kam, begegnete ihm der Wolf, Rotkäppchen aber wußte nicht, was für ein böses Tier das war und fürchtete sich nicht vor ihm.

„Guten Tag, Rotkäppchen." –
„Schönen Dank, Wolf."
„Wohin willst du so früh, Rotkäppchen?"
„Zur Großmutter."
„Was trägst du unter der Schürze?"
„Die Großmutter ist krank und schwach, da bring ich ihr Kuchen und Wein, gestern haben wir gebacken, da soll sie sich stärken."
„Rotkäppchen, wo wohnt deine Großmutter?"
„Noch eine gute Viertelstunde im Wald, unter den drei großen Eichbäumen, da steht ihr Haus, unten sind die Nußhecken, das wirst du ja wissen", sagte Rotkäppchen.

Der Wolf dachte bei sich, das ist ein guter fetter Bissen für mich, wie fängst du's an, daß du den kriegst.

„Hör, Rotkäppchen", sagte er, „hast du die schönen Blumen nicht gesehen, die im Walde stehen? Warum guckst du nicht einmal um dich, ich glaube, du hörst gar nicht darauf, wie lieblich die Vögel singen. Du gehst ja für dich hin, als wenn du im Dorf zur Schule gingst, und es ist so lustig hier draußen im Wald."

Rotkäppchen schlug die Augen auf, und sah, wie die Sonnenstrahlen durch die Bäume hin und her tanzten und alles voll schöner Blumen stand; da gedacht es: Ei, wenn ich der Großmutter einen Strauß mitbringe, der wird ihr auch lieb sein; es ist noch früh, so daß ich dann auch noch zu rechter Zeit ankomme, und sprang in den Wald und suchte Blumen. Und wenn es eine gebrochen hatte, meinte es, dort stände noch eine schönere und lief danach und immer weiter in den Wald hinein. Der Wolf aber ging geradewegs nach dem Haus der Großmutter und klopfte an die Türe.

„Wer ist draußen?"

„Das Rotkäppchen, ich bring Kuchen und Wein, mach mir auf."

„Drück nur auf die Klinke", rief die Großmutter, „ich bin zu schwach und kann nicht aufstehen."

Der Wolf drückte auf die Klinke, und die Türe sprang auf. Da ging er hinein, geradezu an das Bett der Großmutter und verschluckte sie. Dann nahm er ihre Kleider, tat sie an, setzte sich ihre Haube auf, legte sich in ihr Bett und zog die Vorhänge vor.

Rotkäppchen aber war nach Blumen herumgelaufen und erst als es so viele hatte, daß es keine mehr tragen konnte, machte es sich auf den Weg zu der Großmutter. Als es ankam, stand die Türe auf, darüber verwunderte es sich, und wie es in die Stube kam, sah es so seltsam darin aus, daß es dachte: „Ei, du mein Gott, wie ängstlich wird mir's heut zu Mut, und ich bin sonst so gern bei der Großmutter."

Darauf ging es zum Bett und zog die Vorhänge zurück, da lag die Großmutter und hatte die Haube tief ins Gesicht gesetzt und sah so wunderlich aus.

„Ei, Großmutter, was hast du für große Ohren!"

„Daß ich dich besser hören kann."

„Ei, Großmutter, was hast du für große Augen!"

„Daß ich dich besser sehen kann."

„Ei, Großmutter, was hast du für große Hände!"

„Daß ich dich besser packen kann!"

„Aber Großmutter, was hast du für ein entsetzlich großes Maul!"

„Daß ich dich besser fressen kann!"

Damit sprang der Wolf aus dem Bett, sprang auf das Rotkäppchen, und verschlang es.

Dann legte er sich wieder ins Bett, schlief ein und fing an, überlaut zu schnarchen. Der Jäger ging eben vorbei und dachte: „Wie kann die alte Frau so schnarchen, du

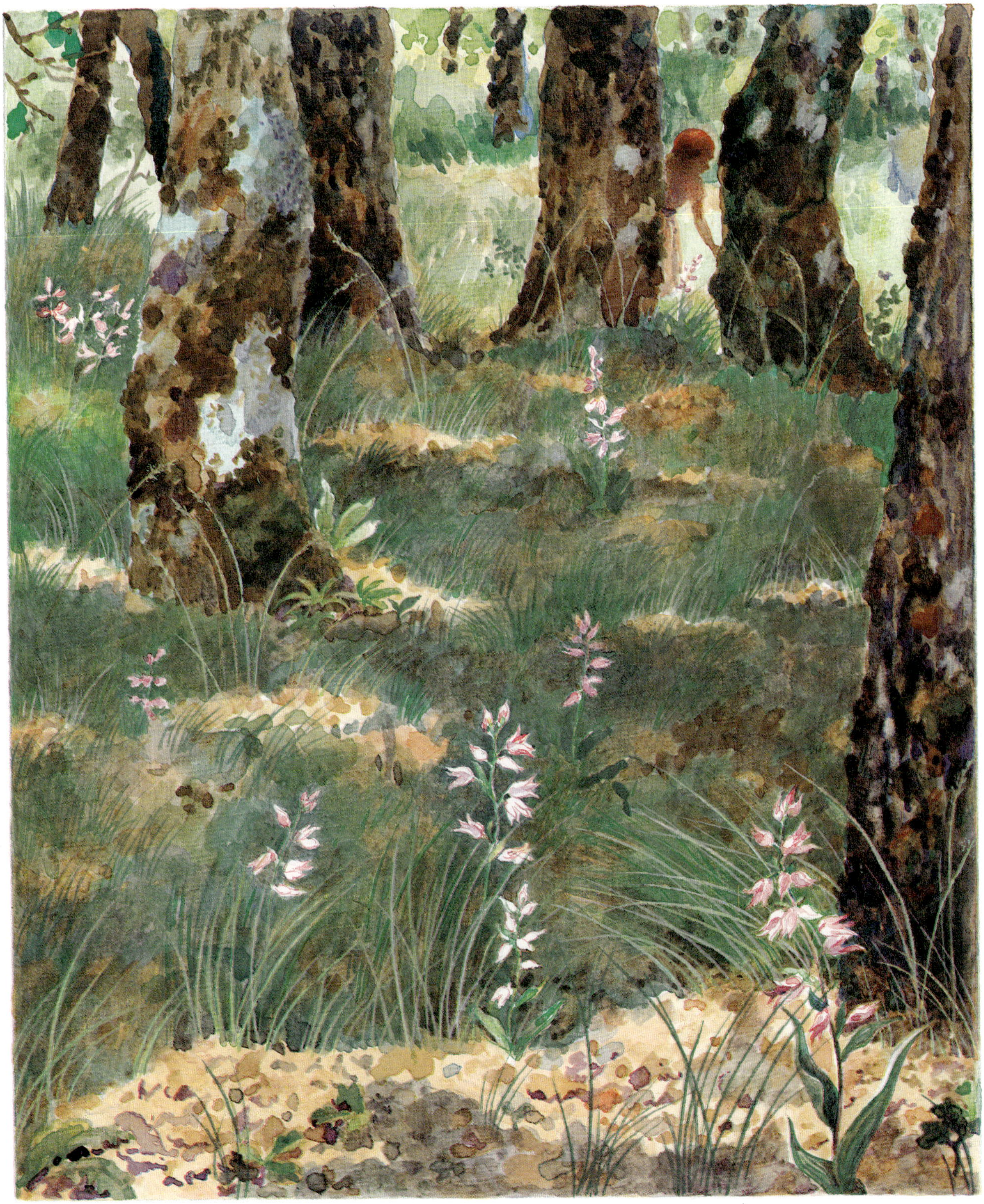

mußt einmal nachsehen." Da trat er hinein und als er vor's Bett kam, da lag der Wolf, den er lange gesucht hatte.

„Der hat gewiß die Großmutter gefressen! Vielleicht ist sie noch zu retten, ich will nicht schießen", dachte der Jäger.

Da nahm er die Schere und schnitt den Bauch auf, und als er ein paar Schnitte getan, da sah er das rote Käppchen leuchten, und als er noch ein wenig geschnitten, da sprang das Mädchen heraus und rief:

„Ach, wie war ich erschrocken, wie war's so dunkel in dem Wolf seinem Leib!"

Und dann kam die Großmutter auch lebendig heraus. Rotkäppchen aber holte große schwere Steine, damit füllten sie dem Wolf den Leib, und als er aufwachte, wollte er fortspringen, aber die Steine waren so schwer, daß er sich totfiel.

Da waren alle drei vergnügt; der Jäger nahm den Pelz vom Wolf, die Großmutter aß den Kuchen und trank den Wein, den Rotkäppchen gebracht hatte, und Rotkäppchen dachte bei sich: „Du willst dein Lebtag nicht wieder allein vom Weg ab in den Wald laufen, wenn dir's die Mutter verboten hat."

Hänsel und Gretel

Es war einmal ein armer Holzhacker, der wohnte vor einem großen Wald. Es ging ihm gar jämmerlich, er hatte kaum zu beißen für seine Frau und seine zwei Kinder, Hänsel und Gretel. Einmal hatte er auch kein Brot mehr und war in großer Angst. Da sprach seine Frau abends im Bett zu ihm: „Nimm die beiden Kinder morgen früh und führ sie in den großen Wald. Gib ihnen noch ein Stückchen Brot und mach ihnen ein großes Feuer an, und dann geh weg und laß sie allein." Der Mann wollte lange nicht, aber die Frau ließ ihm keine Ruh, bis er endlich einwilligte.

Aber die Kinder hatten alles gehört, was die Mutter gesagt hatte. Gretel fing an, gar sehr zu weinen; Hänsel sagte sie solle still sein und tröstete sie. Dann stand er leise auf und ging hinaus vor die Tür. Es war Mondenschein, und die weißen Kiesel glänzten vor dem Haus. Der Knabe las sie sorgfältig auf und füllte sein Rocktäschlein damit, soviel er nur hineinbringen konnte. Darauf ging er wieder zu seinem Schwesterchen ins Bett und schlief ein.

Des Morgens früh, ehe die Sonne aufgegangen war, kamen der Vater und die Mutter und weckten die Kinder auf, die mit in den großen Wald sollten. Sie gaben jedem ein Stück Brot. Die nahm das Schwesterlein unter das Schürzchen, denn das Brüderchen hatte die Tasche voll von den Kieselsteinen.

Darauf machten sie sich fort auf den Weg zu dem großen Wald. Wie sie nun so gingen, da stand Hänsel oft still und guckte nach ihrem Häuschen zurück. Der Vater sagte: „Was bleibst du immer stehn und guckst zurück?"

„Ach", antwortete Hänsel, „ich seh nach meinem weißen Kätzchen, das sitzt auf dem Dach und will mir ade sagen."

Heimlich ließ er aber immer eines von den weißen Kieselsteinchen fallen. Die Mutter sprach: „Geh nur fort, es ist dein Kätzchen nicht, es ist die Morgensonne, die auf den Schornstein scheint." Aber der Knabe blickte immer noch zurück, und immer ließ er wieder ein Steinchen fallen.

So gingen sie lange und kamen endlich mitten in den großen Wald. Da machte der Vater ein großes Feuer an, und die Mutter sagte: „Schlaft dieweil, ihr Kinder. Wir wollen in den Wald gehn und Holz suchen. Wartet, bis wir wieder kommen."

Die Kinder setzten sich an das Feuer, und jedes aß sein Stücklein Brot. Sie warteten lang, bis es Nacht ward, aber die Eltern kamen nicht wieder. Da fing Gretel an, gar sehr zu weinen. Hänsel tröstete sie aber und nahm sie an die Hand. Da schien der Mond, und die weißen Kieselsteinchen glänzten und zeigten ihnen den Weg. Und das Brüderchen führte das Schwesterchen die ganze Nacht durch, und sie kamen des Morgens wieder vor das Haus. Der Vater war sehr froh, denn er hatte es nicht gern getan; aber die Mutter war bös.

Bald danach hatten sie wieder kein Brot, und Hänsel hörte abends im Bett, wie die Mutter zu dem Vater sagte, er solle die Kinder hinaus in den großen Wald bringen. Da fing Gretel an, heftig zu weinen, und Hänsel stand wieder auf und wollte Steinchen suchen. Wie er aber vor die Tür kam, da hatte sie die Mutter zugeschlossen. Da war Hänsel traurig und konnte sein Schwesterchen nicht trösten.

Vor Tag standen sie wieder auf. Jedes erhielt ein Stücklein Brot. Wie sie auf dem Weg waren, guckte Hänsel oft zurück. Der Vater sagte: „Mein Kind, was bleibst du immer stehn und guckst zurück nach dem Häuschen?" – „Ach", antwortete Hänsel, „ich seh nach meinem Täubchen. Das sitzt auf dem Dach und will mir ade sagen." Heimlich aber zerbröselte er sein Stück Brot und ließ immer ein Krümchen fallen. Die Mutter sprach: „Geh nur fort, es ist dein Täubchen nicht, es ist die Morgensonne, die auf den Schornstein scheint." Aber Hänsel blickte immer noch zurück, und immer ließ er ein Krümchen fallen.

Als sie mitten in den großen Wald gekommen waren, machte der Vater wieder ein großes Feuer an; die Mutter sprach wieder dieselben Worte, und beide gingen fort. Gretel gab Hänsel die Hälfte von ihrem Brot, denn Hänsel hatte seines auf den Weg geworfen, und sie warteten bis zum Abend. Da wollte Hänsel sein Schwesterchen beim Mondschein wieder zurückführen. Aber die Vögel hatten die Brotkrümchen aufgefressen, und sie konnten den Weg nicht finden.

Sie gingen immer fort und verirrten sich in dem großen Wald!

Am dritten Tag kamen sie an ein Häuschen, das war aus Brot gemacht; das Dach war mit Kuchen gedeckt und die Fenster von Zucker. Die Kinder waren gar froh, wie sie das sahen, und Hänsel aß von dem Dach und Gretel von dem Fenster. Wie sie so standen und sich's gut schmecken ließen, da rief eine feine Stimme heraus:

„Knuper, Knuper, Kneischen!

Wer knupert an meinem Häuschen?"

Die Kinder erschraken sehr.

Bald darauf kam eine kleine, alte Frau heraus, die nahm die Kinder freundlich bei der Hand, führte sie in das Haus und gab ihnen gutes Essen und legte sie in ein schönes Bett.

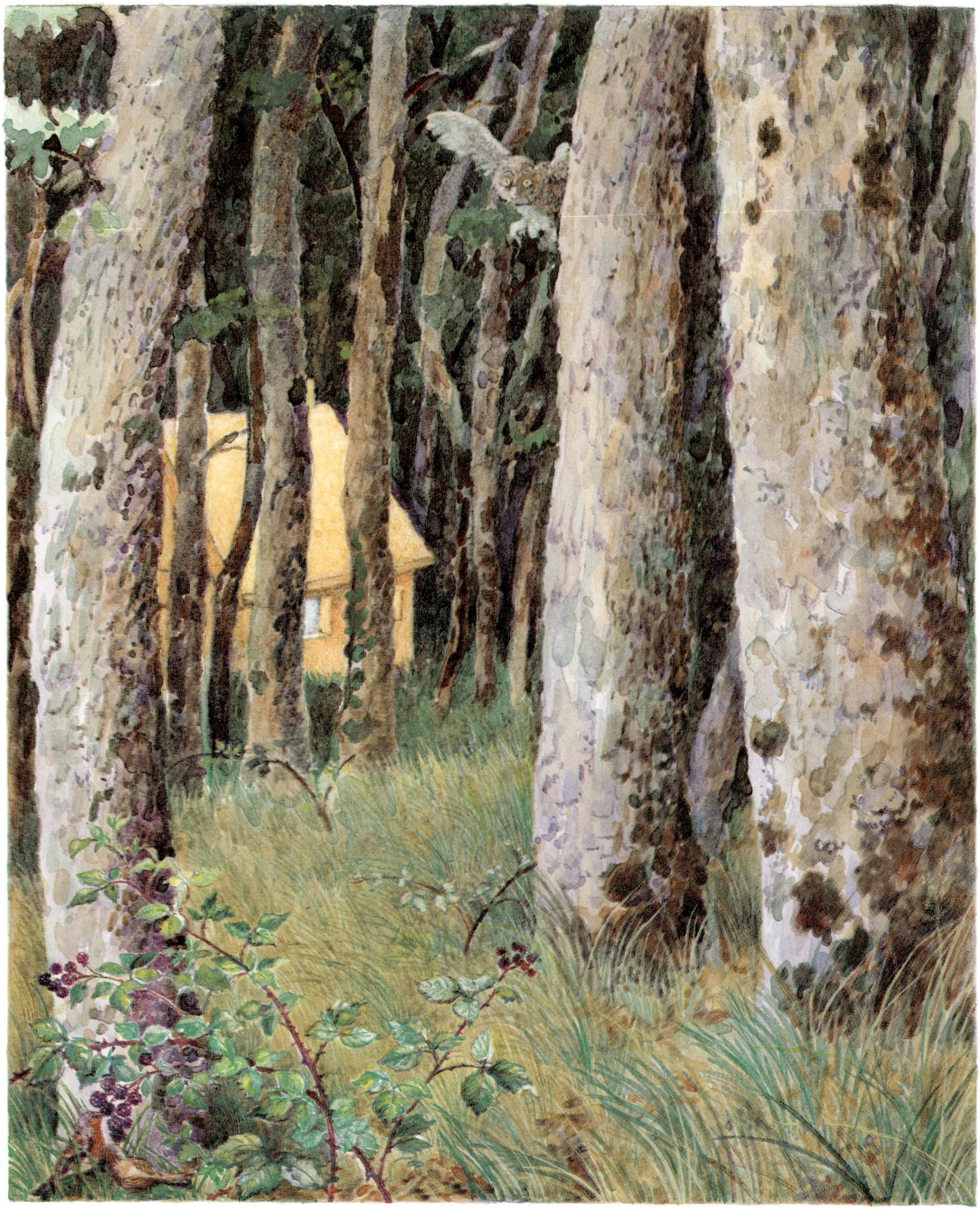

Am anderen Morgen aber steckte sie Hänsel in ein Ställchen, er sollte ein Schweinchen sein, und Gretel mußte ihm Wasser bringen und gutes Essen.

Alle Tage kam sie her. Da mußte Hänsel den Finger herausstrecken, und sie fühlte, ob er bald fett wäre. Er streckte aber immer dafür ein Knöchelein heraus. Da meinte sie, er wäre noch nicht fett und es dauerte länger. Gretel bekam nichts zu essen als Krebsschalen, weil sie nicht fett werden sollte.

Nach vier Wochen sagte sie am Abend zu Gretel: „Geh hin und hole Wasser und mache es morgen früh heiß. Wir wollen dein Brüderchen schlachten und sieden. Ich will dieweil den Teig zurechtmachen, daß wir auch dazu backen können."

Am anderen Morgen, als das Wasser heiß war, rief sie Gretel vor den Backofen und sprach zu ihr: „Setz dich auf das Brett, ich will dich in den Ofen schieben, sieh, ob das Brot bald fertig ist."

Sie wollte aber Gretel darin lassen und braten. Das merkte Gretel und sprach zu ihr: „Ich versteh das nicht; setz dich zuerst darauf, ich will dich hineinschieben." Die Alte setzte sich darauf, und Gretel schob sie hinein, machte die Tür zu, und die Hexe verbrannte.

Darauf ging sie zu Hänsel und machte ihm sein Ställchen auf. Sie fanden das ganze Häuschen voll Edelgestein. Damit füllten sie alle Taschen und brachten sie ihrem Vater, der ward ein reicher Mann. Die Mutter aber war gestorben.

Der Wolf und die sieben Geißlein

Eine Geiß hatte sieben Junge, die sie gar lieb hatte und sorgfältig vor dem Wolf hütete. Eines Tages, als sie ausgehen mußte Futter zu holen, rief sie alle zusammen und sagte: „Liebe Kinder, ich muß ausgehen und Futter holen, wahrt euch vor dem Wolf und laßt ihn nicht herein. Gebt auch acht, denn er verstellt sich oft, aber an seiner rauhen Stimme und an seinen schwarzen Pfoten könnt ihr ihn erkennen. Hütet euch, wenn er erst einmal im Haus ist, so frißt er euch alle miteinander."

Darauf ging sie fort. Bald aber kam der Wolf vor die Haustüre und rief: „Liebe Kinder, macht mir auf. Ich bin eure Mutter und hab euch schöne Sachen mitgebracht."

Die sieben Geißlein aber sprachen: „Unsere Mutter bist du nicht. Die hat eine feine liebliche Stimme, deine Stimme aber ist rauh. Du bist der Wolf, wir machen dir nicht auf."

Der Wolf ging fort zu einem Krämer und kaufte sich ein großes Stück Kreide; die aß er und machte seine Stimme damit fein. Danach ging er wieder zu der Haustüre der sieben Geißlein und rief: „Liebe Kinder, laßt mich ein, ich bin eure Mutter, jedes von euch soll etwas haben."

Er hatte aber seine Pfote in das Fenster gelegt. Das sahen die sieben Geißlein und sprachen: „Unsere Mutter bist du nicht, die hat keinen schwarzen Fuß wie du; du bist der Wolf, wir machen dir nicht auf."

Der Wolf ging fort zu einem Bäcker und sprach: „Bäcker, bestreich mir meine Pfote mit frischem Teig." Und als das getan war, ging er zum Müller und sprach: „Müller, streu mir weißes Mehl auf meine Pfote." Der Müller sagte nein. – „Wenn du es nicht tust, so freß ich dich!" Da mußte es der Müller tun.

Darauf ging der Wolf wieder vor die Haustüre der sieben Geißlein und sagte: „Liebe Kinder, laßt mich ein, ich bin eure Mutter, jedes von euch soll etwas geschenkt kriegen." Die sieben Geißlein wollten erst die Pfote sehen, und wie sie sahen, daß sie schneeweiß war und sie den Wolf so fein sprechen hörten, glaubten sie, es wäre ihre Mutter und machten die Türe

― 26 ―

auf. Und der Wolf kam herein. Wie sie ihn aber erkannten, versteckten sie sich geschwind, so gut es ging: Das eine sprang unter den Tisch, das zweite ins Bett, das dritte in den Ofen, das vierte in die Küche, das fünfte in den Schrank, das sechste unter eine große Schüssel, das siebte in die Wanduhr. Aber der Wolf fand sie alle und verschluckte sie: Nur das jüngste in der Wanduhr, das blieb am Leben.

Als der Wolf seine Lust gebüßt hatte, ging er fort. Bald darauf kam die alte Geiß nach Haus. Was für ein Jammer! Der Wolf war dagewesen und hatte ihre lieben Kinder gefressen. Sie glaubte, alle wären tot. Da sprang das Jüngste aus der Wanduhr und erzählte, wie das Unglück gekommen war.

Der Wolf aber, weil er sich vollgefressen, war auf eine grüne Wiese gegangen, hatte sich in den Sonnenschein gelegt und war in einen tiefen Schlaf gefallen. Die alte Geiß dachte daran, ob sie ihre Kinder nicht noch erretten könnte, und sagte darum zu dem jüngsten Geißlein: „Nimm Zwirn, Nadel und Schere und folg mir nach."

Darauf ging sie hinaus und fand den Wolf schnarchend auf der Wiese liegend.

„Da liegt der garstige Wolf", sagte sie und betrachtete ihn von allen Seiten, nachdem er zum Vieruhrbrot die sechs Geißlein hinuntergefressen hatte. „Gib mir mal die Schere her. Ach! Wenn sie noch lebendig in seinem Leibe wären!"

Damit schnitt sie ihm den Bauch auf, und die sechs Geißlein, die er in der Gier ganz verschluckt hatte, sprangen unversehrt heraus. Sie hieß sie gleich hingehen und große und schwere Wackersteine herbeitragen, damit füllten sie dem Wolf den Leib, nähten ihn wieder zu, liefen fort, und versteckten sich hinter einer Hecke.

Als der Wolf ausgeschlafen hatte, so fühlt' er es so schwer im Leib und sprach: „Es rumpelt und pumpelt mir im Leib herum! Es rumpelt und pumpelt mir im Leib herum! Was ist das? Ich hab nur sechs Geißlein gegessen."

Er wollte einen frischen Trunk tun und suchte einen Brunnen. Aber wie er sich darüber bückte, konnte er sich wegen der schweren Steine im Bauch nicht mehr halten und stürzte ins Wasser. Als das die sieben Geißlein sahen, kamen sie herbeigelaufen und tanzten vor Freude um den Brunnen.

2

Von Kleinen und Dummen, die Großes erringen

Der Federkönig

Es waren einmal arme Leute auf dem Feld und hatten auch ihr kleines Kind mit, das lag in einer Schaukel, die war aus Windeln und hing an vier Stecken. Auf einmal kam eine wilde Katze aus dem Wald, nahm das Kind und trug es fort in ihre Höhle; sie tat ihm aber nichts zuleide, sondern pflegte es, brachte ihm Kräuter, Wurzeln und Erdbeeren, so daß es keine Not litt.

Also wuchs es da auf in der Höhle; es war aber ein Knabe. Und wie der groß war, sprach die Katze zu ihm:

„Nun sollst du die Königstochter heiraten!"

„Aber ich bin ja nackt", sprach der Knabe, „wie soll ich vor den König gehen!"

„Mache dir keine Sorgen, ich will dir gleich ein Kleid schaffen."

Da lief die Katze in den Wald und hatte ein silbernes Pfeifchen, sie blies einmal und zischelte und raschelte dann, und alsbald kamen viele Vögel und wilde Tiere zusammen. Sie nahm von jedem Vogel eine Feder, machte daraus ein Kleid und brachte es dem Knaben; dann führte sie ihn zu den Tieren und sprach:

„Jetzt gehe zum König, diese Tiere müssen dir nachfolgen, dann sage beim Eintritt: ‚Herr König, der Federkönig schickt Euch dies Geschenk!'"

Also ging der Knabe in die Burg und sagte so, wie ihn die Katze gelehrt hatte.

Als der König die vielen Tiere sah, freute er sich und sprach:

„Das muß ein reicher König sein!"

Den folgenden Tag schickte die Katze den Knaben wieder mit vielen Tieren hin und gebot ihm, er solle sagen: „Das ist wieder ein Geschenk vom Federkönig." Und wenn der König sich verwundere und sage: „Wie lieb wäre es mir, wenn ein so reicher König meine Tochter zur Frau nähme", da solle er nur sprechen: „Ja, das werde der Federkönig gerne tun, und nach drei Tagen werde er kommen und Hochzeit halten."

So geschah es, wie der Knabe in die Burg kam. Der König freute sich über das neue Geschenk und verwunderte sich sehr und sagte, wie er so sehr wünsche, daß ein so reicher König seine Tochter zur Frau nähme. Da antwortete der Knabe, wie ihn die Katze gelehrt hatte, der Federkönig werde das gerne tun und nach drei Tagen kommen und Hochzeit halten.

Als die Zeit um war, lief die Katze wieder in den Wald und blies auf dem silbernen Pfeifchen dreimal und zischelte und raschelte dreimal nach Katzenart. Da kamen alle Vögel und wilden Tiere zusammen, und die Katze wählte jetzt die schönsten und farbigsten Federn und machte daraus einen Mantel, der glitzerte und glänzte wie der Sternenhimmel, und gab ihn dem Knaben.

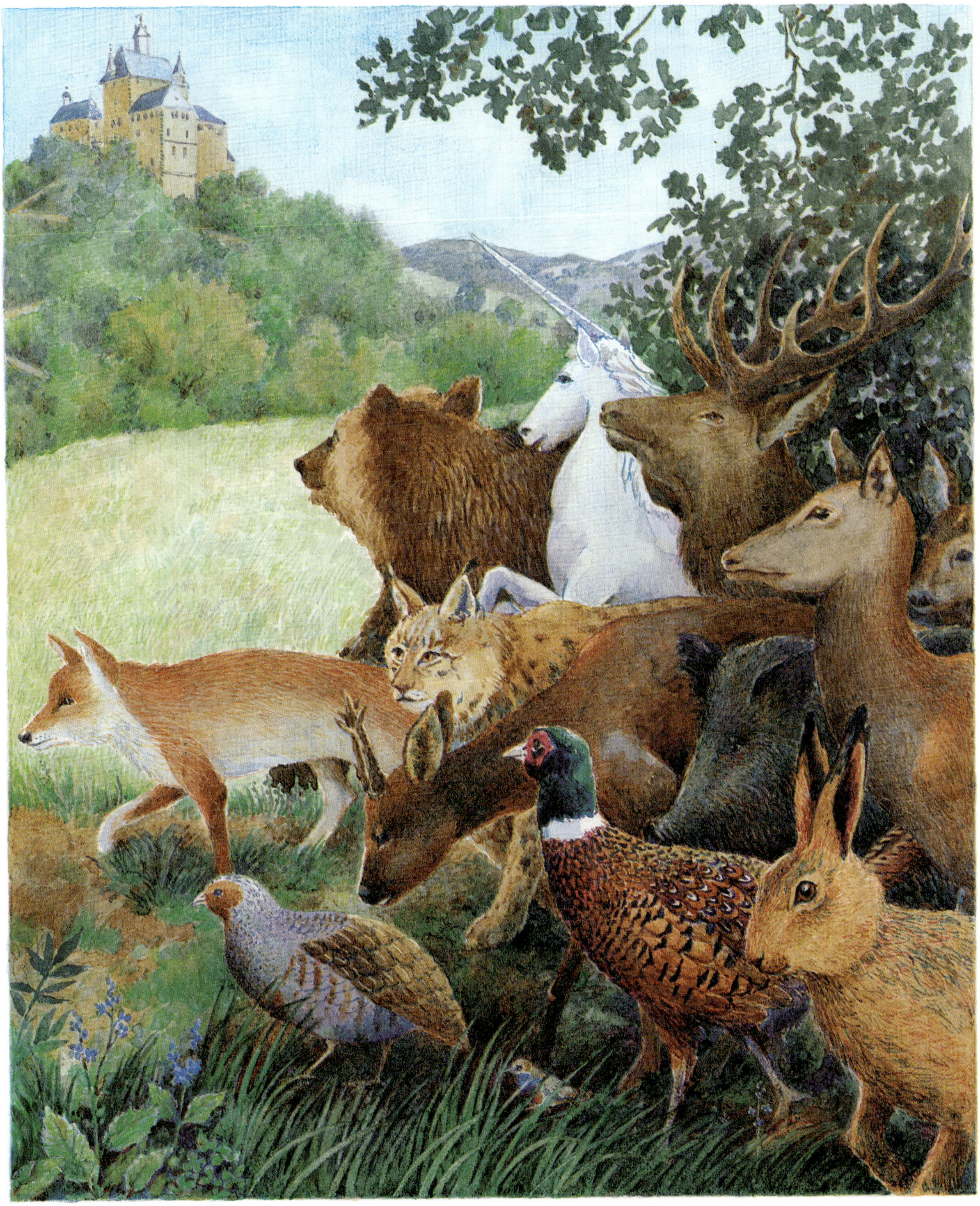

Diesmal ging auch die Katze mit zum Hofe. Als sie nicht weit vom Schlosse waren, sprach sie zum Knaben:

„Jetzt wirf dein altes Federkleid fort, ich bringe dir gleich schöne Kleider aus dem Schlosse; denn den Federmantel sollst du nur zum Schmuck gebrauchen."

Damit lief sie schnell ins Schloß und rief:

„Nur schnell königliche Kleider her, der Federkönig kommt und ist in einen Sumpf gefallen, er braucht frische Kleider!"

Da gab der König seine besten Kleider hin, und die Katze lief damit und brachte sie dem Knaben und kleidete ihn an.

Also kam er jetzt in die Burg, und ihm folgten alle Tiere nach. Wie er aber eintrat ins Schloß, legte er den Federmantel um, der glitzerte und glänzte, daß man es kaum aushalten konnte. Da freuten sich der König und die Königstochter über den reichen Bräutigam. Als aber die Hochzeit vorüber war, sprach der König:

„Ich möchte doch gerne dein Land und deinen Palast sehen, ich fahre mit!"

Wie nun der Federkönig mit seiner jungen Frau im Wagen saß, sah er immer auf seine schönen Kleider und nicht auf seine Frau. Das merkte die Katze, sprang ihm in den Nacken und tschack! kratzte sie ihn einmal.

„Sieh doch auf deine Frau!" flüsterte sie. „Wenn du aber dich wieder vergissest und man dich fragt, warum du immer auf deine schönen Kleider schauest, so sage, du habest daheim viel schönere."

Damit lief die Katze fort und war immer voraus. Der Federkönig sah bald wieder auf seine schönen Kleider. Da fragte ihn die junge Frau: „Warum das?" Er antwortete: „Ich habe daheim viel schönere." Nun kam die Katze zu einer großen Schafherde; sie lief zum Hirten, sprang ihm in den Nacken und tschak! kratzte sie ihn einmal, daß ihm das Blut floß.

„Wenn man dich fragt, wem diese Herde gehöre, so sprich: ,Dem Federkönig!', sonst komme ich wieder und zerkratze dich ganz."

Als nun der König und das junge Paar hinkamen, fragte der König den Hirten: „Wem gehört denn diese schöne Herde?" Der Hirt sprach: „Die gehört dem Federkönig", denn er wollte nicht noch einmal so gekratzt werden. „Ja, die ist mein", sagte gleich der Knabe, denn er merkte, das hatte die Katze so angestellt.

Bald darauf kamen sie zu einer großen Büffelherde; die Katze war aber schon dagewesen und hatte den Hirten auch einmal gekratzt und ihm gesagt, wenn er nicht spreche, die Herde gehöre dem Federkönig, so werde sie ihn ganz zerkratzen. Als nun der König fragte: „Wem gehört denn die schöne Herde?", so sprach der Hirt:

„Na, die gehört dem Federkönig", denn er wollte nicht noch einmal zerkratzt werden.

„Ja, die ist mein", sagte der Junge im Wagen, und der König wunderte sich sehr und sprach: „Ich hätte doch nie geglaubt, daß du so reich wärest!"

Danach kamen sie auch zu einer Roßherde; auch da war die Katze schon gewesen und hatte den Hirten gekratzt und ihm gesagt, wie er sprechen müsse; und als der König fragte: „Wem gehört denn die große Roßherde?", so sprach er:

„Na, dem Federkönig!", denn er wollte nicht noch einmal gekratzt werden.

„Ja, die ist auch mein!" sagte der Junge im Wagen.

„Jetzt glaube ich, daß du viel reicher bist und auch daheim alles viel schöner haben wirst als ich!" sprach der König.

Endlich gelangten sie in ein Schloß, das gehörte einem mächtigen Zauberer; da war alles von Gold und Silber, Kristall und Edelsteinen, auf das schönste geordnet, und der Tisch stand gedeckt; sie setzten sich gleich und aßen. Die Katze blieb vor der Tür und hielt Wache. Nicht lange, so kam der Zauberer und polterte und lärmte: „Räuber in meinem Schloß, an meinem Tisch! Aha! Wehe euch!" Die Katze aber stand in der Tür und ließ ihn nicht ein und sprach: „So sage mir erst, bist du wirklich der große Zauberer, für den man dich hält? Man erzählt, du könntest dich in was immer, in große und kleine Tiere verwandeln!"

„Ja, das ist mir eine Kleinigkeit!" sprach er und verwandelte sich gleich in einen Löwen.

Da fürchtete sich die Katze und sprang aufs Dach.

„Das ist wohl gelungen!" rief die Katze. „Nun aber möchte ich sehen, ob du dich in ein kleines Tier, in eine Maus, verwandeln kannst, das ist gewiß schwer und dir nicht möglich!" Sogleich verwandelte sich der Zauberer in eine Maus, und im Nu sprang die Katze vom Dache hinunter auf die Maus und zerriß sie.

Nun rief sie den Jungen aus dem Saal heraus und sprach: „Meiner Hilfe bedarfst du nicht weiter, das Schloß und alles, was darin und darum ist, und die großen Herden, die du gesehen hast, sind nun wirklich dein, denn ich habe den Zauberer, dem alles gehörte, umgebracht! Jetzt aber verlange ich von dir einen Dienst; nimm dein Schwert und schlage mir das Haupt ab." Aber der Junge wollte nicht und sprach:

„Wie könnte ich so undankbar sein!"

„Wenn du es nicht gleich tust, so kratze ich dir die Augen aus!"

Da nahm er ein Schwert, und auf einen Hieb flog das Haupt fort; aber sieh, da stand auf einmal eine wunderschöne Frau. Der Junge nahm sie gleich an den Arm und führte sie hinein an die Tafel und sprach: „Das ist meine Mutter!" Die Frau aber gefiel dem alten König sehr, und weil seine erste Gemahlin gestorben war, so nahm er ihre Hand und sprach:

„Sollen wir nicht auch Hochzeit feiern?"

Sie war nicht dagegen, und so dauerte das Fest noch acht Tage. Darauf zog der alte König mit seiner neuen Frau heim; der Junge aber mit der Königstochter blieb im Zauberschloß und war reicher als sieben Könige.

Der Zaunkönig

In den alten Zeiten, da hatte jeder Klang noch Sinn und Bedeutung. Wenn der Hammer des Schmieds ertönte, so rief er: „Smiet mi to! smiet mi to!" Wenn der Hobel des Tischlers schnarrte, so sprach er: „Dor häst! dor, dor häst!" Fing das Räderwerk der Mühle an zu klappern, so sprach es: „Help, Herr Gott! help, Herr Gott!" Und war der Müller ein Betrüger und ließ die Mühle an, so sprach sie hochdeutsch und fragte erst langsam: „Wer ist da? Wer ist da?" Dann antwortete sie schnell: „Der Müller! der Müller!" Und endlich ganz geschwind: „Stiehlt tapfer, stiehlt tapfer, vom Achtel drei Sechter."

Zu dieser Zeit hatten auch die Vögel ihre eigene Sprache, die jedermann verstand, jetzt lautet es nur wie ein Zwitschern, Kreischen und Pfeifen, und bei einigen wie Musik ohne Worte. Es kam aber den Vögeln in den Sinn, sie wollten nicht länger ohne Herrn sein und einen unter sich zu ihrem König wählen. Nur einer von ihnen, der Kiebitz, war dagegen: frei hatte er gelebt und frei wollte er sterben, und angstvoll hin und her fliegend, rief er: „Wo bliew ick? wo bliew ick?" Er zog sich zurück in einsame und unbesuchte Sümpfe und zeigte sich nicht wieder unter seinesgleichen.

Die Vögel wollten sich nun über die Sache besprechen, und an einem schönen Maimorgen kamen sie alle aus Wäldern und Feldern zusammen, Adler und Buchfinke, Eule und Krähe, Lerche und Sperling, was soll ich sie alle nennen? Selbst der Kuckuck kam und der Wiedehopf, sein Küster, der so heißt, weil er sich immer ein paar Tage früher hören läßt; auch ein ganz kleiner Vogel, der noch keinen Namen hatte, mischte sich unter die Schar. Das Huhn, das zufällig von der ganzen Sache nichts gehört hatte, verwunderte sich über die große Versammlung. „Wat, wat, wat is den dar to don?" gackerte es, aber der Hahn beruhigte seine liebe Henne und sagte: „Luter riek Lüd", erzählte ihr auch, was sie vorhätten.

Es ward aber beschlossen, daß der König sein sollte, der am höchsten fliegen könnte. Ein Laubfrosch, der im Gebüsche saß, rief, als er das hörte, warnend: „Natt, natt, natt! natt, natt, natt!" weil er meinte, es würden deshalb viel Tränen vergossen werden. Die Krähe aber sagte: „Quark ok!", es sollte alles friedlich abgehen.

Es ward nun beschlossen, sie wollten gleich an diesem schönen Morgen aufsteigen, damit niemand hinterher sagen könnte: „Ich wäre wohl noch höher geflogen, aber der Abend kam, da konnte ich nicht mehr."

Auf ein gegebenes Zeichen erhob sich also die ganze Schar in die Lüfte. Der Staub stieg da von dem Felde auf, es war ein gewaltiges Sausen und Brausen und Fittichschlagen, und es sah aus, als wenn eine schwarze Wolke dahinzöge.

Die kleinern Vögel aber blieben bald zurück, konnten nicht weiter und fielen wieder auf die Erde. Die größern hielten's länger aus, aber keiner konnte es dem Adler gleich tun, der stieg so hoch, daß er der Sonne hätte die Augen aushacken können. Und als er sah, daß die andern nicht zu ihm herauf konnten, so dachte er: „Was willst du noch höher fliegen, du bist doch der König", und fing an, sich wieder herabzulassen.

Die Vögel unter ihm riefen ihm alle gleich zu: „Du mußt unser König sein, keiner ist höher geflogen als du."

„Ausgenommen ich", schrie der kleine Kerl ohne Namen, der sich in die Brustfedern des Adlers verkrochen hatte. Und da er nicht müde war, so stieg er auf und stieg so hoch, daß er Gott auf seinem Stuhle konnte sitzen sehen. Als er aber so weit gekommen war, legte er seine Flügel zusammen, sank herab und rief unten mit feiner durchdringender Stimme:

„König bün ick! König bün ick!"

„Du unser König?" schrien die Vögel zornig, „durch Ränke und Listen hast du es dahin gebracht." Sie machten eine andere Bedingung, der sollte ihr König sein, der am tiefsten in die Erde fallen könnte. Wie klatschte da die Gans mit ihrer breiten Brust wieder auf das Land! Wie scharrte der Hahn schnell ein Loch! Die Ente kam am schlimmsten weg, sie sprang in einen Graben, verrenkte sich aber die Beine und watschelte fort zum nahen Teiche mit dem Ausruf: „Pracherwerk! Pracherwerk!" Der Kleine ohne Namen aber suchte ein Mäuseloch, schlüpfte hinab und rief mit seiner feinen Stimme heraus:

„König bün ick! König bün ick!"

„Du unser König?" riefen die Vögel noch zorniger. „Meinst du, deine Listen sollten gelten?" Sie beschlossen, ihn in seinem Loch gefangenzuhalten und auszuhungern. Die Eule ward als Wache davor aufgestellt: sie sollte den Schelm nicht herauslassen, so lieb ihr das Leben wäre.

Als es aber Abend geworden war und die Vögel von der Anstrengung beim Fliegen große Müdigkeit empfanden, so gingen sie mit Weib und Kind zu Bett. Die Eule allein blieb bei dem Mäuseloch stehen und blickte mit ihren großen Augen unverwandt hinein.

Indessen war sie auch müde geworden und dachte: „Ein Auge kannst du wohl zutun, du wachst ja noch mit dem andern, und der kleine Bösewicht soll nicht aus seinem Loch heraus."

Also tat sie das eine Auge zu und schaute mit dem andern steif auf das Mäuseloch. Der kleine Kerl guckte mit dem Kopf heraus und wollte wegwitschen, aber die Eule trat gleich davor, und er zog den Kopf wieder zurück.

Dann tat die Eule das eine Auge wieder auf und das andere zu und wollte so die ganze Nacht abwechseln. Aber als sie das eine Auge wieder zumachte, vergaß sie, das andere aufzutun, und sobald die beiden Augen zu waren, schlief sie ein. Der Kleine merkte das bald und schlüpfte weg.

Von der Zeit an darf sich die Eule nicht mehr am Tage sehen lassen, sonst sind die andern Vögel hinter ihr her und zerzausen ihr das Fell. Sie fliegt nur zur Nachtzeit aus, haßt aber und verfolgt die Mäuse, weil sie solche bösen Löcher machen. Auch der kleine Vogel läßt sich nicht gerne sehen, weil er fürchtet, es ginge ihm an den Kragen, wenn er erwischt würde. Er schlüpft in den Zäunen herum, und wenn er ganz sicher ist, ruft er wohl zuweilen:

„König bün ick!"

Und deshalb nennen ihn die andern Vögel aus Spott Zaunkönig. Niemand aber war froher als die Lerche, daß sie dem Zaunkönig nicht zu gehorchen brauchte. Wie sich die Sonne blicken läßt, steigt sie in die Lüfte und ruft: „Ach, wo is dat schön! schön is dat! schön! schön! ach, wo is dat schön!"

Des Schneiders Daumerling Wanderschaft

Ein Schneider hatte einen Sohn, der war klein geraten und nicht größer als ein Daumen, darum hieß er der Daumerling. Er hatte aber Schneid im Leibe und sagte zu seinem Vater: „Vater, ich will auf die Wanderschaft gehen!" – „Recht, mein Sohn", sprach der Alte, nahm eine Stopfnadel und machte an einer Kerze einen Knoten von Siegellack daran, „da hast du auch einen Degen mit auf den Weg."

Das Schneiderlein zog aus in die Welt und kam zuerst bei einem Meister in die Arbeit, da war ihm aber das Essen nicht gut genug. „Frau Meisterin, wenn sie uns kein besser Essen gibt", sagte der Daumerling, „schreib ich morgen früh mit Kreide an ihre Haustür: ‚Kartoffel zu viel, Fleisch zu wenig. Adies, Herr Kartoffelkönig!' und gehe fort."

„Was willst du wohl, du Hüpferling", sagte die Meisterin, ward bös, ergriff einen Lappen und wollte ihn schlagen. Mein Schneiderlein kroch behend unter einen Fingerhut, guckte unten hervor und streckte der Frau Meisterin die Zunge heraus.

Sie hob den Fingerhut auf, aber der Daumerling hüpfte in die Lappen, und wie die Meisterin die auseinanderwarf und ihn suchte, versteckte er sich in den Tischritz.

„He! He! Frau Meisterin", rief er und steckte den Kopf in die Höhe, und wenn sie zuschlagen wollte, sprang er immer in die Schublade hinunter. Endlich aber erwischte sie ihn doch und jagte ihn zum Hause hinaus.

Das Schneiderlein wanderte und kam in einen großen Wald. Da begegnete ihm ein Haufen Räuber, die wollten des Königs Schatz bestehlen.

Als sie das Schneiderlein sahen, dachten sie, der kann uns viel nützen, sprachen es an, sagten, es sei ein tüchtiger Kerl, es solle mit zur Schatzkammer gehen, sich hineinschleichen und ihnen das Geld herauswerfen.

Es ließ sich darauf ein, ging zu der Schatzkammer und besah die Tür, ob kein Ritzen darin wäre; glücklicherweise fand es bald einen und wollte einsteigen. Da sagte die Schildwache, die vor der Tür stand, zur anderen:

„Was kriecht da für eine garstige Spinne? Die muß man tottreten."

„Ei, laß sie doch gehen", sagte die andere, „sie hat dir ja nichts getan."

So kam der Daumerling in die Schatzkammer, ging an das Fenster, vor dem die Räuber standen, und warf ihnen einen Taler nach dem anderen hinaus.

Wie der König seine Schatzkammer besah, fehlte so viel Geld, und kein Mensch konnte begreifen, wie das passiert war, denn alle Schlösser waren gut verwahrt. Der König stellte Wachen davor, die hörten es in dem Geld rappeln, gingen hinein und wollten den Dieb greifen. Das Schneiderlein setzte sich in der Ecke unter einen Taler und rief: „Hier bin ich!"

Die Wachen liefen dahin, indessen sprang es in eine andere Ecke, und wie die dort ankamen, schrie es da: „Hier bin ich!" Die Wachen liefen zurück, es hüpfte aber wieder in eine andere Ecke und rief: „Hier bin ich!" Und so hatte es sie zum Narren gehalten und trieb es so lange, bis sie müde davongingen.

Der Daumerling warf nun die Taler nach und nach alle hinaus, und auf den letzten setzte er sich selber und flog damit durchs Fenster hinunter.

Die Räuber lobten ihn gewaltig und hätten ihn zum Hauptmann gemacht, wenn er gewollt hätte; darauf teilten sie die Beute. Das Schneiderlein konnte aber nicht mehr nehmen als einen Kreuzer, weil es nicht mehr bei sich tragen konnte.

Darauf nahm es den Weg wieder zwischen die Beine, und endlich, weil's mit dem Handwerk schlecht ging, verdingte es sich als Hausknecht in einem Gasthof. Die Mägde konnten es aber nicht leiden, weil es alles sah, was sie im Haus heimlich machten, ohne, daß sie es merkten und sie darnach verriet, und sie hätten ihm gern einen Schabernack angetan.

Als es daher einmal in der Wiese spazierenging, wo eine Magd mähte, packte sie es mit dem Gras zusammen, warf es daheim den Kühen vor, und die Schwarze schluckte es mit hinunter.

Der Daumerling war nun in der Kuh eingesperrt, und abends hörte er sprechen, daß sie sollte geschlachtet werden. Da war sein Leben in Gefahr, und er rief: „Ich bin hier."

„Wo bist du?"

„In der Schwarzen."

Er ward aber unrecht verstanden und die Kuh geschlachtet.

Glücklicherweise traf ihn kein Hieb, und er kam unter das Wurstfleisch. Wie das nun sollte gehackt werden, rief er: „Hackt nicht zu tief! Hackt nicht zu tief! Ich stecke darunter!"

Im Lärmen aber hörte das kein Mensch, doch sprang er so behend zwischen den Hackmessern durch, daß ihm keins was schadete, aber entspringen konnte er nicht und ward in eine Blutwurst gefüllt. Mit der ward er in den Schornstein zum Räuchern

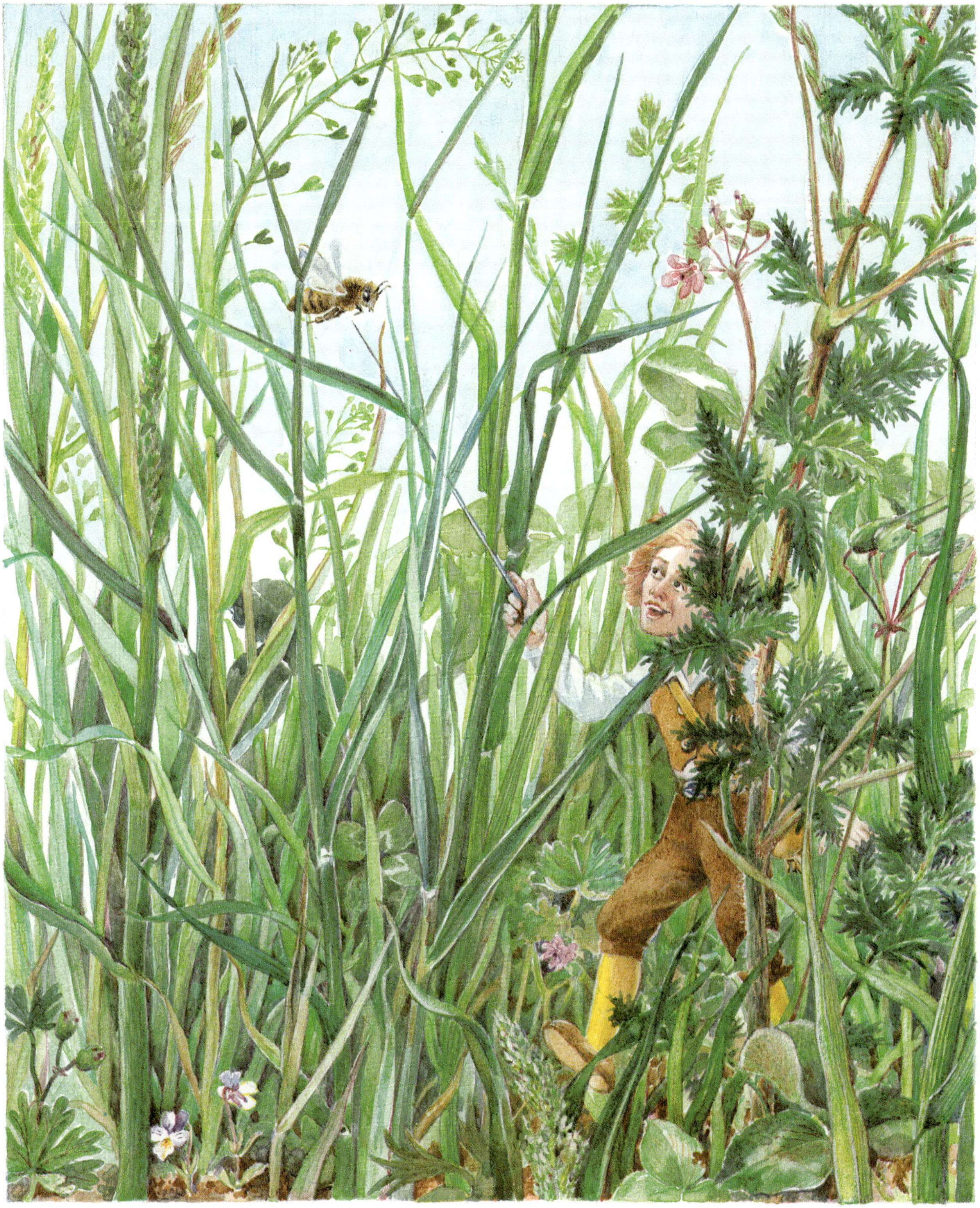

aufgehängt und mußte hängen bis zum Winter, wo die Wurst gegessen werden sollte. Und wie sie sein Teil aufgeschnitten hatten, sprang er heraus und lief davon.

Das Schneiderlein wanderte wieder, da kam es aber einem Fuchs in den Weg, der schnappte es auf.

„Herr Fuchs", rief es, „ich bin hier, laßt mich frei."

„Ja", sagte der Fuchs, „an dir hab ich doch nicht viel. Wenn du machst, daß dein Vater mir alle seine Hühner im Hof gibt, laß ich dich frei."

Das gelobte es, und da trug es der Fuchs heim, und er kriegte alle Hühner im Hof; das Schneiderlein aber brachte seinem Vater seinen erworbenen Kreuzer von der Wanderschaft mit.

„Warum hat aber der Fuchs die armen Piephühner zu fressen gekriegt?"

„Ei, du Narr! Deinem Vater wird ja sein Kind lieber sein als die Hühner."

Die goldene Gans

Es war einmal ein Mann, der hatte drei Söhne, der jüngste aber war ein Dummling. Eines Tages sprach der älteste: „Vater, ich will in den Wald gehen, Holz hauen." – „Laß das bleiben", antwortete der Vater, „du kommst sonst mit einem verbundenen Arm heim." Der Sohn aber achtete nicht darauf, dachte, er wisse sich schon zu hüten, steckte einen Kuchen in die Tasche und ging hinaus.

In dem Wald begegnete ihm ein graues altes Männchen, das sagte: „Gib mir doch ein Stück von dem Kuchen, den du in der Tasche hast, ich bin so hungrig." Der kluge Sohn aber sprach: „Was soll ich dir meinen Kuchen geben, dann hab ich selber nichts, pack dich deiner Wege!" Und ging fort mit einer Axt und fing an, einen Baum zu behauen.

Nicht lange aber, da hieb er fehl, die Axt fuhr ihm in den Arm, und er mußte heimgehen und sich verbinden lassen. Das war aber von dem alten grauen Männchen gekommen.

Darauf ging der zweite Sohn in den Wald, wo ihn das Männchen auch um ein Stück Kuchen ansprach. Er schlug's ihm aber auch ab und hieb sich dafür ins Bein, daß er sich nach Hause tragen lassen mußte.

Endlich ging der Dummling hinaus. Das Männchen sprach ihn, wie die anderen, um ein Stück Kuchen an. „Da hast du ihn ganz", sagte der Dummling und gab ihn hin.

Da sagte das Männchen: „Hau diesen Baum ab, so wirst du etwas finden." Der Dummling hieb da zu, und als der Baum umfiel, saß eine goldene Gans darunter.

Er nahm sie mit sich und ging in ein Wirtshaus und wollte da übernachten, blieb aber nicht in der großen Stube, sondern ließ sich eine alleine geben; da setzte er seine Gans mitten hinein.

Die Wirtstöchter sahen die Gans und waren neugierig und hätten gar zu gern eine Feder von ihr gehabt.

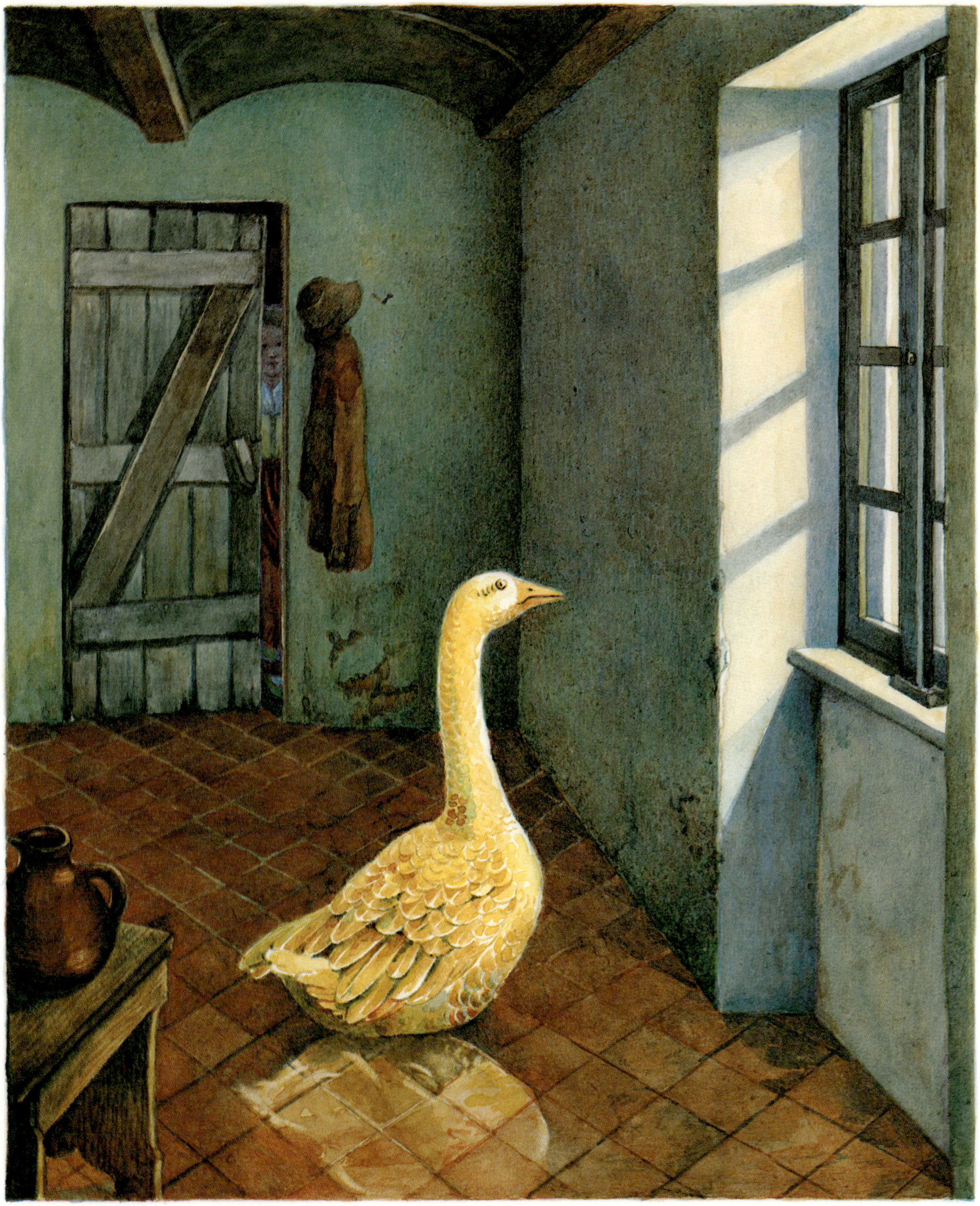

Da sprach die älteste: „Ich will einmal hinaufgehen, und wenn ich nicht bald wiederkomme, so geht mir nach."

Darauf ging sie zu der Gans, wie sie aber kaum die Feder berührt hatte, blieb sie daran hängen.

Weil sie nun nicht wieder herunterkam, ging ihr die zweite nach, und wie sie die Gans sah, konnte sie der Lust nicht widerstehen, ihr eine Feder auszuziehen. Die älteste riet ihr ab, das half aber alles nichts, sie faßte die Gans an und blieb an der Feder hängen.

Die dritte Tochter, nachdem sie unten lange gewartet hatte, ging endlich auch hinauf. Die anderen riefen ihr zu, sie solle ums Himmels willen der Gans nicht nahe kommen. Sie hörte aber gar nicht darauf, meinte, eine Feder müsse sie haben und blieb auch daran hängen.

Am anderen Morgen nahm der Dummling die Gans in den Arm und ging fort, die drei Mädchen hingen fest und mußten hinter ihm drein. Auf dem Feld begegnete ihnen der Pfarrer. „Pfui, ihr garstigen Mädchen, was lauft ihr dem jungen Burschen so öffentlich nach, schämt euch doch!"

Damit faßte er eine bei der Hand und wollte sie zurückziehen. Wie er sie aber angerührt, blieb er an ihr auch hängen und mußte nun selber hinterdrein laufen.

Nicht lange, so kam der Küster. „Ei, Herr Pfarrer, wo hinaus so geschwind? Heut ist noch eine Kindtaufe!" Er lief auf ihn zu, faßte ihn beim Ärmel und blieb aber auch hängen.

Wie die fünf so hintereinander hermarschierten, kamen zwei Bauern mit ihren Hacken vom Feld. Der Pfarrer rief ihnen zu, sie sollten ihn und den Küster losmachen. Kaum aber hatten sie den Küster angerührt, so blieben sie hängen, und waren ihrer nun sieben, die dem Dummling mit der Gans nachliefen.

Er kam darauf in eine Stadt, da regierte ein König, der hatte eine Tochter, die war so ernsthaft, daß niemand sie zum Lachen bringen konnte. Darum hatte der König ein Gesetz gegeben, wer sie zum Lachen bringen könnte, der sollte sie heiraten. Der Dummling, als er das hörte, ging mit seiner Gans und ihrem Anhang vor die Königstochter.

Wie diese den Aufzug sah, fing sie überlaut an zu lachen und wollte gar nicht wieder aufhören.

Er verlangte sie nun zur Braut, aber der König machte allerlei Einwendungen und sagte, er müsse ihm erst einen Mann bringen, der einen Keller voll Wein austrinken könne.

Da ging der Dummling in den Wald und auf der Stelle, wo er den Baum abgehauen hatte, sah er einen Mann sitzen, der machte ein gar betrübtes Gesicht. Der Dummling fragte, was er sich so sehr zu Herzen nähme? „Ei! Ich bin so durstig, und ich kann nicht genug zu trinken kriegen, ein Faß Wein hab ich zwar ausgeleert, aber was ist ein Tropfen auf einem heißen Stein?"

„Da kann ich dir helfen", sagte der Dummling, „komm nur mit mir, du sollst es satt haben."

Er führte ihn in des Königs Keller; der Mann machte sich über die großen Fässer her, trank und trank, daß ihm die Hüften weh taten, und ehe ein Tag herum war, hatte er den ganzen Keller ausgetrunken.

Der Dummling verlangte nun seine Braut. Der König aber ärgerte sich, daß ein schlechter Bursch, den jedermann einen Dummling nannte, seine Tochter davontragen sollte und machte neue Bedingungen: Er müsse ihm erst einen Mann schaffen, der einen Berg voll Brot aufessen könne.

Der Dummling ging wieder in den Wald. Da saß auf des Baumes Platz ein Mann, der schnürte sich den Leib mit einem Riemen zusammen, machte ein grämliches Gesicht und sagte: „Ich habe einen ganzen Backofen voll Raspelbrot gegessen, aber was hilft das bei meinem großen Hunger, ich spür doch nichts davon im Leib und muß mich nun zuschnüren, wenn ich nicht Hungers sterben soll."

Wie der Dummling das hörte, war er froh und sprach: „Steh auf und geh mit mir, du sollst dich satt essen." Er führte ihn zum König. Der hatte alles Mehl aus dem ganzen Reich zusammenfahren und einen ungeheuern Berg davon backen lassen. Der Mann aus dem Wald aber stellte sich davor, und in einem Tag und einer Nacht war der ganze Berg verschwunden.

Der Dummling forderte wieder seine Braut, der König suchte noch einmal Ausflucht und verlangte ein Schiff, das zu Land wie zu Wasser fahren könnte, schaffte er aber das, dann würde er die Prinzessin bekommen.

Der Dummling ging noch einmal in den Wald; da saß das alte graue Männchen, dem er seinen Kuchen gegeben, und sagte: „Ich hab für dich getrunken und gegessen, ich will dir auch das Schiff geben, das alles tu ich, weil du barmherzig gegen mich gewesen bist."

Da gab er ihm das Schiff, das zu Land und Wasser fuhr, und als der König das sah, mußte er ihm seine Tochter geben.

Da ward die Hochzeit gefeiert, und er erbte das Reich und lebte lange Zeit vergnügt mit seiner Gemahlin.

Der Geist im Glas

Es war einmal ein armer Holzhacker, der arbeitete vom Morgen bis in die späte Nacht. Als er sich endlich etwas Geld zusammengespart hatte, sprach er zu seinem Jungen: „Du bist mein einziges Kind, ich will das Geld, das ich mit saurem Schweiß erworben habe, zu deinem Unterricht anwenden. Lernst du etwas Rechtschaffenes, so kannst du mich im Alter ernähren, wenn meine Glieder steif geworden sind und ich daheim sitzen muß."

Da ging der Junge auf eine hohe Schule und lernte fleißig, so daß ihn seine Lehrer rühmten, und blieb eine Zeitlang dort. Als er ein paar Schulen durchgelernt hatte, doch noch nicht in allem vollkommen war, so war das bißchen Geld, das der Vater erworben hatte, draufgegangen, und er mußte wieder zu ihm heimkehren.

„Ach", sprach sein Vater betrübt, „ich kann dir nichts mehr geben und kann in der teuren Zeit auch keinen Heller mehr verdienen als das tägliche Brot."

„Lieber Vater", antwortete der Sohn, „macht Euch darüber keine Gedanken; wenn's Gottes Wille also ist, so wird's zu meinem Besten ausschlagen; ich will mich schon drein schicken." Als der Vater hinaus in den Wald wollte, um etwas am Malterholz (am Zuhauen und Aufrichten) zu verdienen, so sprach der Sohn: „Ich will mit Euch gehen und Euch helfen."

„Ja, mein Sohn", sagte der Vater, „das wird dir beschwerlich ankommen, du bist an harte Arbeit nicht gewöhnt, du hältst das nicht aus; ich habe auch nur eine Axt und kein Geld übrig, um noch eine zu kaufen."

„Geht nur zum Nachbarn", antwortete der Sohn, „leiht Euch seine Axt so lange, bis ich mir selbst eine verdient habe."

Da borgte der Vater beim Nachbarn eine Axt, und am anderen Morgen bei Anbruch des Tages gingen sie zusammen hinaus in den Wald. Der Sohn half dem Vater und war ganz munter und frisch dabei. Als nun die Sonne über ihnen stand, sprach der Vater: „Wir wollen rasten und Mittag halten, hernach geht's noch einmal so gut." Der Sohn nahm sein Brot in die Hand und sprach: „Ruht Euch nur aus, Vater, ich bin nicht müde, ich will in dem Wald ein wenig auf und ab gehen und Vogelnester suchen."

„O, du Geck", sprach der Vater, „was willst du da herumlaufen, hernach bist du müde und kannst den Arm nicht mehr aufheben; bleib hier und setze dich zu mir."

Der Sohn aber ging in den Wald, aß sein Brot, war ganz fröhlich und sah in die grünen Zweige hinein, ob er etwa ein Nest entdeckte. So ging er hin und her, bis er endlich zu einer großen unheimlichen Eiche kam, die gewiß schon viele hundert Jahre alt war und die keine fünf Menschen umspannt hätten. Er blieb stehen und sah sie an und dachte: „Es muß doch mancher Vogel sein Nest hineingebaut haben."

Da deuchte ihn auf einmal, als hörte er eine Stimme. Er horchte und vernahm, wie es mit so einem rechten dumpfen Ton rief: „Laß mich heraus, laß mich heraus."

Er sah sich rings um, konnte aber nichts entdecken, doch es war ihm, als ob die Stimme unten aus der Eiche hervorkäme. Da rief er: „Wo bist du?" Die Stimme antwortete:

„Ich stecke da unten bei den Eichwurzeln. Laß mich heraus, laß mich heraus."

Der Schüler fing an, unter dem Baum aufzuräumen und bei den Wurzeln zu suchen, bis er endlich in einer kleinen Höhlung eine Glasflasche entdeckte. Er hob sie in die Höhe und hielt sie gegen das Licht; da sah er ein Ding, gleich einem Frosch gestaltet, das sprang darin auf und nieder.

„Laß mich heraus, laß mich heraus", rief's von neuem, und der Schüler, der an nichts Böses dachte, nahm den Pfropfen von der Flasche ab.

Alsbald stieg ein Geist heraus und fing an zu wachsen und wuchs so schnell, daß er in wenigen Augenblicken als ein entsetzlicher Kerl, so groß wie der halbe Baum, vor dem Schüler stand.

„Weißt du", rief er mit einer fürchterlichen Stimme, „was dein Lohn dafür ist, daß du mich herausgelassen hast?" – „Nein", antwortete der Schüler ohne Furcht, „wie soll ich das wissen?"

„So will ich dir's sagen", rief der Geist, „den Hals muß ich dir dafür brechen!"

„Das hättest du mir früher sagen sollen", antwortete der Schüler, „so hätte ich dich stecken lassen; mein Kopf aber soll vor dir wohl feststehen, da müssen mehr Leute gefragt werden."

„Mehr Leute hin, mehr Leute her", rief der Geist, „deinen verdienten Lohn, den sollst du haben. Denkst du, ich wäre aus Gnade da so lange Zeit eingeschlossen worden? Nein, es war zu meiner Strafe; ich bin der großmächtige Merkurius, wer mich losläßt, dem muß ich den Hals brechen."

„Schade", antwortete der Schüler, „so geschwind geht das nicht, erst muß ich auch wissen, daß du wirklich in der kleinen Flasche gesessen hast und daß du der rechte Geist bist; kannst du auch wieder hinein, so will ich's glauben, und dann magst du mit mir anfangen, was du willst."

Der Geist sprach voll Hochmut: „Das ist eine geringe Kunst", zog sich zusammen und machte sich so dünn und klein, wie er anfangs gewesen war, also daß er durch dieselbe Öffnung und durch den Hals der Flasche wieder hineinkroch. Kaum aber war der darin, so drückte der Schüler den abgezogenen Pfropfen wieder auf und warf die Flasche unter die Eichwurzeln an ihren alten Platz, und der Geist war betrogen.

Nun wollte der Schüler zu seinem Vater zurückgehen, aber der Geist rief ganz kläglich:

„Ach, laß mich doch heraus, laß mich doch heraus."

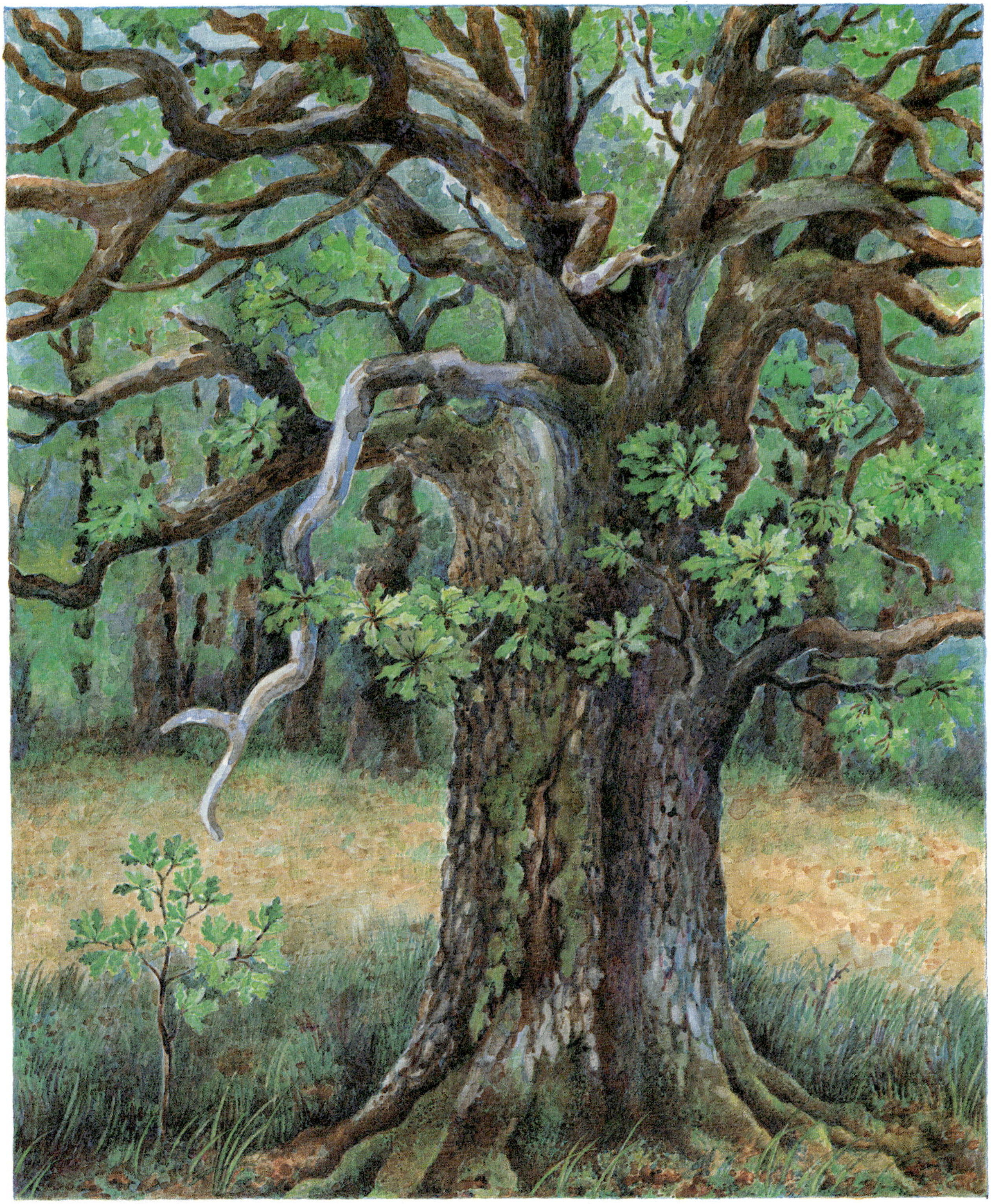

„Nein", antwortete der Schüler, „zum zweiten Male nicht; wer mir einmal nach dem Leben gestrebt hat, den laß ich nicht los, wenn ich ihn eingefangen habe."

„Wenn du mich freimachst", rief der Geist, „so will ich dir so viel geben, daß du dein Lebtag genug hast."

„Nein", antwortete der Schüler, „du würdest mich betrügen wie das erste Mal."

„Du verscherzest dein Glück", sprach der Geist, „ich will dir nichts tun, sondern dich reichlich belohnen."

Der Schüler dachte, ich will's wagen, vielleicht hält er Wort, und anhaben soll er mir doch nichts. Da nahm er den Pfropfen ab, und der Geist stieg wie das vorige Mal heraus, dehnte sich auseinander und war so groß wie ein Riese.

„Nun sollst du deinen Lohn haben", sprach er und reichte dem Schüler einen kleinen Lappen, ganz wie ein Pflaster, und sagte:

„Wenn du mit dem einen Ende eine Wunde bestreichst, so heilt sie, und wenn du mit dem anderen Ende Stahl und Eisen bestreichst, so wird es in Silber verwandelt."

„Das muß ich erst versuchen", sprach der Schüler, ging an einen Baum, ritzte die Rinde mit seiner Axt und bestrich sie mit dem einen Ende des Pflasters, alsbald schloß sie sich wieder zusammen und war geheilt.

„Nun, es hat seine Richtigkeit", sprach er zum Geist, „jetzt können wir uns trennen."

„Wo bist du herumgelaufen?" sprach der Vater, „warum hast du die Arbeit vergessen? Ich habe es ja gleich gesagt, daß du nichts zustande bringen würdest!"

„Gebt Euch zufrieden, Vater, ich will's nachholen."

„Ja, nachholen", sprach der Vater zornig, „das hat keine Art!"

„Habt acht, Vater, den Baum da will ich gleich umhauen, daß er krachen soll."

Da nahm er sein Pflaster, bestrich die Axt damit und tat einen gewaltigen Hieb, aber weil das Eisen in Silber verwandelt war, so legte sich die Schneide um.

„Ei, Vater, seht einmal, was habt Ihr mir für eine schlechte Axt gegeben, die ist ganz schief geworden."

Da erschrak der Vater und sprach: „Ach, was hast du gemacht! Nun muß ich die Axt bezahlen und weiß nicht womit; das ist der Nutzen, den ich von deiner Arbeit habe."

„Werdet nicht böse", antwortete der Sohn, „die Axt will ich schon bezahlen."

„Oh, du Dummkopf", rief der Vater, „wovon willst du sie bezahlen? Du hast nichts, als was ich dir gebe; das sind Studentenkniffe, die dir im Kopf stecken, aber zum Holzhacken hast du keinen Verstand."

Über ein Weilchen sprach der Schüler: „Vater, ich kann doch nichts mehr arbeiten, wir wollen lieber Feierabend machen."

„Ei, was", antwortete er, „meinst du, ich wollte die Hände in den Schoß legen wie du? Ich muß noch schaffen, du kannst dich aber heimpacken."

„Vater, ich bin zum ersten Mal hier in dem Wald, ich weiß den Weg nicht mehr allein, geht doch mit mir."

Weil sich der Zorn gelegt hatte, so ließ der Vater sich endlich bereden und ging mit ihm heim. Da sprach er zum Sohn:

„Geh und verkauf die verschändete Axt und sieh zu, was du dafür kriegst; das übrige muß ich verdienen, um sie dem Nachbarn zu bezahlen."

Der Sohn nahm die Axt und trug sie in die Stadt zu einem Goldschmied, der probierte sie, legte sie auf die Waage und sprach: „Sie ist vierhundert Taler wert, soviel habe ich nicht bar." Der Schüler sprach:

„Gebt mir, was Ihr habt, das übrige will ich Euch borgen."

Der Goldschmied gab ihm dreihundert Taler und blieb einhundert schuldig.

Darauf ging der Schüler heim und sprach: „Vater, ich habe Geld, geht und fragt, was der Nachbar für die Axt haben will."

„Das weiß ich schon", antwortete der Alte, „einen Taler, sechs Groschen."

„So gebt ihm das Doppelte; seht Ihr, ich habe Geld im Überfluß."

Er gab dem Vater einhundert Taler und sprach:

„Es soll Euch niemals fehlen; lebt nach Eurer Bequemlichkeit."

„Mein Gott", sprach der Alte, „wie bist du zu dem Reichtum gekommen?" Da erzählte er ihm, wie alles zugegangen war, und wie er im Vertrauen auf sein Glück einen so reichen Fang getan hätte. Mit dem übrigen Geld aber zog er wieder hin auf die hohe Schule und lernte weiter, und weil er mit seinem Pflaster alle Wunden heilen konnte, ward er der berühmteste Doktor auf der ganzen Welt.

Die Bienenkönigin

Zwei Königssöhne gingen auf Abenteuer aus und gerieten in ein wildes, wüstes Leben, so daß sie gar nicht wieder nach Haus kamen. Der jüngste, der Dummling, ging aus und suchte seine Brüder. Wie er sie fand, verspotteten sie ihn, daß er sich mit seiner Einfalt durch die Welt schlagen wolle, da sie zwei nicht durchkämen, und sie wären doch viel klüger.

Da zogen sie miteinander fort und kamen an einen Ameisenhaufen. Die zwei ältesten wollten ihn aufwühlen und sehen, wie die kleinen Ameisen in der Angst herumkröchen und ihre Eier forttrügen. Aber der Dummling sagte: „Laßt die Tiere in Frieden, ich leid's nicht, daß ihr sie stört."

Dann gingen sie weiter und kamen an einen See, auf dem schwammen viele, viele Enten. Die zwei Brüder wollten ein paar fangen und braten, aber der Dummling sagte wieder: „Laßt die Tiere in Frieden, ich leid's nicht, daß ihr sie tötet."

Endlich kamen sie an ein Bienennest, darin war so viel Honig, daß er am Stamm herunterlief. Die zwei wollten Feuer unter den Baum legen und die Bienen ersticken, damit sie den Honig wegnehmen könnten. Der Dummling hielt sie aber wieder ab und sprach: „Laßt die Tiere in Frieden, ich leid's nicht, daß ihr sie verbrennt."

Endlich kamen die Brüder in ein Schloß, wo in den Ställen lauter steinerne Pferde standen, auch war kein Mensch zu sehen, und sie gingen durch die Säle, bis sie vor eine Türe ganz am Ende kamen. Davor hingen drei Schlösser. Es war aber mitten in der Türe ein Lädlein, dadurch konnte man in die Stube sehen. Da sahen sie ein graues Männchen an einem Tische sitzen, das riefen sie an, einmal, zweimal, aber es hörte nicht: endlich riefen sie zum dritten Mal, und da stand es auf und kam heraus. Es sprach aber kein Wort, führte sie aber zu einem reichbesetzten Tisch: und als sie gegessen hatten, führte es einen jeglichen in ein eigenes Schlafgemach.

Am anderen Morgen kam das Männchen zu dem ältesten, winkte ihm und brachte ihn zu einer steinernen Tafel, darauf standen die drei Aufgaben geschrieben, wodurch das Schloß erlöst werden könnte.

Die erste war: in dem Wald unter dem Moos lagen die tausend Perlen der Königstochter, die mußten aufgesucht werden, und vor Sonnenuntergang durfte nicht eine einzige fehlen, sonst ward der, welcher gesucht hatte, zu Stein.

Der Prinz ging hin und suchte den ganzen Tag, als aber der Tag zu Ende war, hatte er erst hundert gefunden, und er ward in einen Stein verwandelt.

Am folgenden Tag unternahm der zweite Bruder das Abenteuer: er ward aber wie der älteste zu Stein, weil er nicht mehr als zweihundert gefunden hatte.

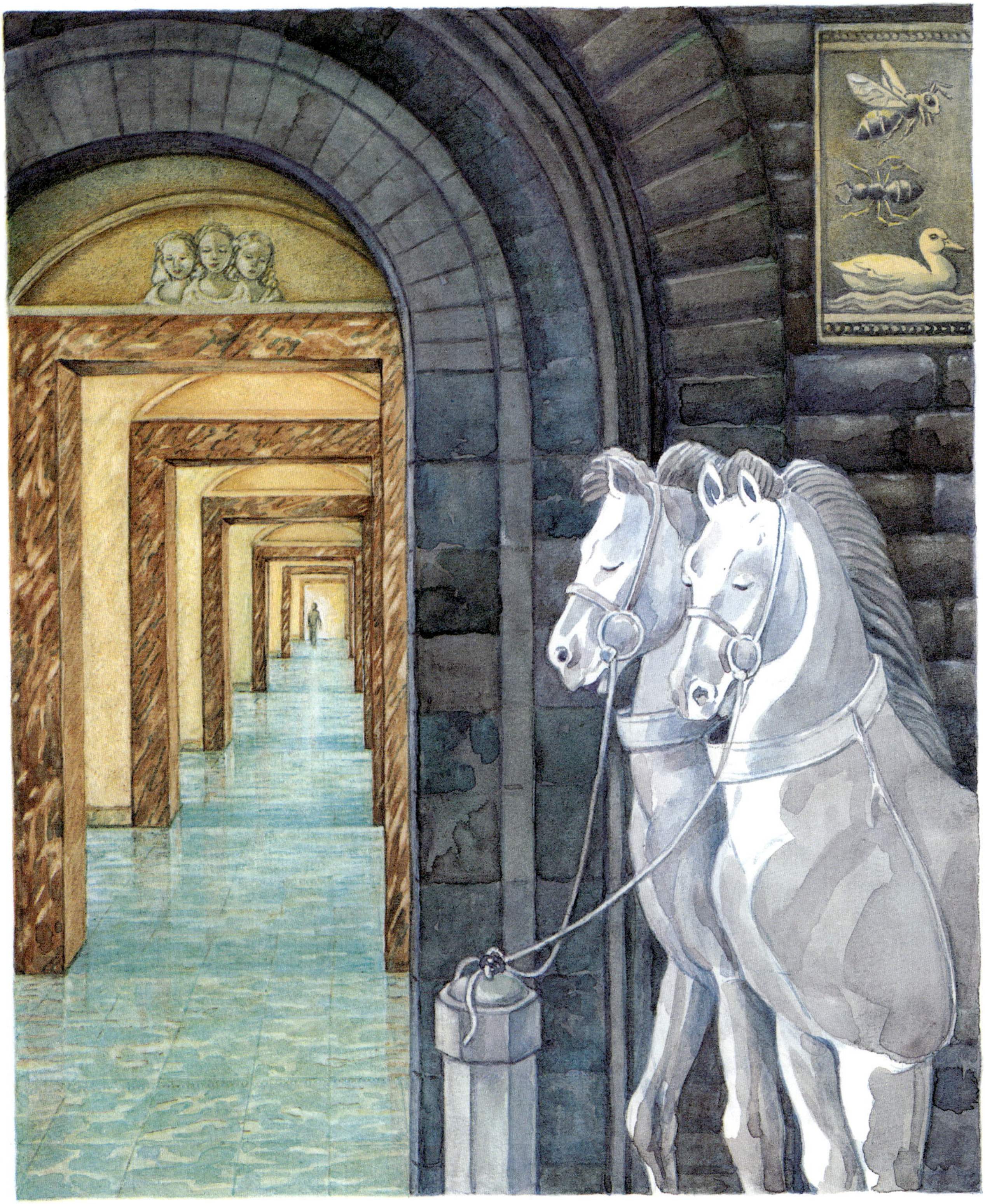

Endlich kam auch an den Dummling die Reihe, der suchte im Moos, es war aber so schwer, die Perlen zu finden und ging so langsam! Da setzte er sich auf einen Stein und weinte. Und wie er so saß, kam der Ameisenkönig, dem er einmal das Leben gerettet hatte, mit fünftausend Ameisen, und es währte gar nicht lange, so waren die Perlen miteinander gefunden und auf einen Haufen getragen.

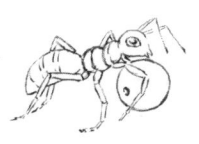

Die zweite Aufgabe aber war, den Schlüssel zu der Schlafkammer der Prinzessin aus dem See zu holen. Wie der Dummling zum See kam, schwammen die Enten heran, die er einmal gerettet hatte, tauchten und holten den Schlüssel aus der Tiefe.

Die dritte Aufgabe aber war die schwerste: aus den drei schlafenden Töchtern des Königs sollte die jüngste und die liebste herausgesucht werden. Sie glichen sich aber vollkommen und waren durch nichts verschieden, als daß die älteste ein Stück Zucker, die zweite Sirup und die jüngste einen Löffel voll Honig vor dem Einschlafen gegessen hatte. Da kam aber die Bienenkönigin von den Bienen, die der Dummling vor dem Feuer geschützt hatte, und versuchte den Mund von allen dreien. Zuletzt blieb sie auf dem Mund sitzen, der Honig gegessen hatte, und so erkannte der Prinz die rechte.

Da war aller Zauber vorbei, alles war aus dem Schlaf erlöst, und wer von Stein war, erhielt seine menschliche Gestalt wieder. Und der Dummling vermählte sich mit der jüngsten und liebsten und ward König nach ihres Vaters Tod; seine zwei Brüder aber bekamen die beiden anderen Schwestern.

Prinzessin Mausehaut

Ein König hatte drei Töchter. Da wollte er wissen, welche ihn am liebsten hätte, und er ließ sie vor sich kommen und fragte sie.

Die älteste sprach, sie habe ihn lieber als das ganze Königreich; die zweite, lieber als alle Edelsteine und Perlen auf der Welt; die dritte aber sagte, sie habe ihn lieber als das Salz.

Der König ward aufgebracht, daß sie ihre Liebe zu ihm mit einer so geringen Sache vergleiche, übergab sie einem Diener und befahl, er solle sie in den Wald führen und töten.

Wie sie in den Wald gekommen waren, bat die Prinzessin den Diener um ihr Leben. Dieser war ihr treu und tötete sie nicht; er sagte auch, er wolle mit ihr gehen und ganz nach ihren Befehlen tun. Die Prinzessin verlangte aber nichts als ein Kleid von Mausehaut, und als er ihr das geholt, wickelte sie sich hinein und ging fort.

Sie ging geradezu an den Hof eines benachbarten Königs, gab sich für einen Mann aus und bat den König, daß er sie in seine Dienste nehme. Der König sagte es zu, und sie solle bei ihm die Aufwartung haben: Abends mußte sie ihm die Stiefel ausziehen, und die warf er ihr allemal an den Kopf.

Einmal fragte er, woher sie sei: „Aus dem Lande, wo man den Leuten die Stiefel nicht an den Kopf wirft."

Der König ward da aufmerksam, endlich brachten ihm die anderen Diener einen Ring: Mausehaut habe ihn verloren, der sei zu kostbar, den müsse er gestohlen haben.

Der König ließ Mausehaut vor sich kommen und fragte, woher der Ring sei. Da konnte sich Mausehaut nicht länger verbergen. Sie wickelte sich von der Mausehaut los, ihre goldgelben Haare quollen hervor, und sie trat heraus so schön, aber auch so schön, daß der König gleich die Krone von seinem Kopf abnahm, sie ihr aufsetzte und sie für seine Gemahlin erklärte.

Zu der Hochzeit wurde auch der Vater der Mausehaut eingeladen, der glaubte, seine Tochter sei schon längst tot und erkannte sie nicht wieder. Auf der Tafel aber waren alle Speisen, die ihm vorgesetzt wurden, ungesalzen; da ward er ärgerlich und sagte: „Ich will lieber nicht leben als solche Speise essen!"

Wie er das gesagt, sprach die Königin zu ihm: „Jetzt wollt Ihr nicht leben ohne Salz, und doch habt Ihr mich einmal töten lassen wollen, weil ich sagte, ich hätte euch lieber als Salz!"

Da erkannte er seine Tochter und küßte sie und bat sie um Verzeihung, und es war ihm lieber als sein Königreich und alle Edelsteine der Welt, daß er sie wiedergefunden.

3

Von Geschwistern,
die sich lieben
und von Geschwistern,
die sich hassen

Frau Holle

Eine Witwe hatte zwei Töchter, davon war die eine schön und fleißig, die andere häßlich und faul. Sie hatte aber die häßliche und faule viel lieber, und die andere mußte alle Arbeit tun und war recht der Aschenputtel im Haus.

Einmal war das Mädchen hingegangen, Wasser zu holen, und wie es sich bückte, den Eimer aus dem Brunnen zu ziehen, bückte es sich zu tief und fiel hinein. Und als es erwachte und wieder zu sich selber kam, war es auf einer schönen Wiese, da schien die Sonne und waren viel tausend Blumen. Auf der Wiese ging es weiter und kam zu einem Backofen, der war voller Brot; das Brot aber rief: „Ach, zieh mich raus, zieh mich raus, sonst verbrenn ich, ich bin schon längst ausgebacken!" Da trat es fleißig herzu und holte alles heraus. Danach ging es weiter und kam zu einem Baum, der hing voll Äpfel und rief ihm zu: „Ach, schüttel mich, schüttel mich, wir Äpfel sind alle miteinander reif!" Da schüttelte es den Baum, daß die Äpfel fielen, als regneten sie, solang, bis keiner mehr oben war. Danach ging es wieder fort.

Endlich kam es zu einem kleinen Haus, daraus guckte eine alte Frau. Weil sie aber so große Zähne hatte, ward ihm Angst, und es wollte fortlaufen. Die alte Frau aber rief ihm nach: „Fürcht dich nicht, liebes Kind, bleib bei mir. Wenn du alle Arbeit im Haus ordentlich tun willst, so soll dir's gutgehn. Nur mußt du recht darauf achtgeben, daß du mein Bett gut machst und es fleißig aufschüttelst, daß die Federn fliegen, dann schneit es in der Welt; ich bin die Frau Holle." Weil die Alte so gut sprach, willigte das Mädchen ein und begab sich in ihren Dienst. Es besorgte auch alles nach ihrer Zufriedenheit und schüttelte ihr Bett immer gewaltig auf. Dafür hatte es auch ein gutes Leben bei ihr, kein böses Wort und alle Tage Gesottenes und Gebratenes.

Nun war es eine Zeitlang bei der Frau Holle, da ward es traurig in seinem Herzen, und obwohl es hier gleich viel tausendmal besser war als zu Haus, so hatte es doch ein Verlangen dahin. Endlich sagte es zu ihr: „Ich habe den Jammer nach Haus gekriegt, und wenn es mir auch noch so gut hier geht, so kann ich doch nicht länger bleiben." Die Frau Holle sagte: „Du hast recht, und weil du mir so treu gedient hast, so will ich dich selbst wieder hinaufbringen." Sie nahm es darauf bei der Hand und führte es vor ein großes Tor.

Das ward aufgetan, und wie das Mädchen darunter stand, fiel ein gewaltiger Goldregen, und alles Gold blieb an ihm hängen, so daß es über und über davon bedeckt war. „Das sollst du haben, weil du so fleißig gewesen bist", sprach Frau Holle. Darauf ward das Tor verschlossen, und es war oben auf der Welt. Da ging es heim zu seiner Mutter. Und weil es so mit Gold bedeckt ankam, ward es gut aufgenommen.

Als die Mutter hörte, wie es zu dem Reichtum gekommen, wollte sie der anderen, häßlichen und faulen Tochter gern dasselbe Glück verschaffen, und sie mußte sich auch in den Brunnen stürzen.

Sie erwachte wie die andere auf der schönen Wiese und ging auf demselben Pfad weiter. Als sie zu dem Backofen gelangte, schrie das Brot wieder: „Ach, zieh mich raus, zieh mich raus, sonst verbrenn ich, ich bin schon längst ausgebacken!" Die Faule aber antwortete: „Da hätt ich Lust, mich schmutzig zu machen!" und ging fort.

Bald kam sie zu dem Apfelbaum, der rief: „Ach, schüttel mich, schüttel mich! Wir Äpfel sind alle miteinander reif!" Sie antwortete aber: „Du kommst mir recht, es könnt mir einer auf den Kopf fallen!" und ging weiter.

Als sie vor der Frau Holle Haus kam, fürchtete sie sich nicht, weil sie von ihren großen Zähnen schon gehört hatte, und verdingte sich gleich bei ihr.

Am ersten Tag tat sie sich Gewalt an und war fleißig und folgte Frau Holle, wenn sie ihr etwas sagte, denn sie gedachte an das viele Gold, das sie ihr schenken würde; am zweiten Tag aber fing sie schon an zu faulenzen, am dritten noch mehr, da wollte sie morgens gar nicht aufstehen. Sie machte auch der Frau Holle das Bett schlecht und schüttelte es nicht recht, daß die Federn aufflogen. Das ward die Frau Holle bald müd und sagte der Faulen den Dienst auf. Die war es wohl zufrieden und meinte, nun werde der Goldregen kommen. Die Frau Holle führte sie auch hin zu dem Tor. Als sie aber darunter stand, ward statt des Goldes ein großer Kessel voll Pech ausgeschüttet. „Das ist zur Belohnung deiner Dienste", sagte die Frau Holle und schloß das Tor zu. Da kam die Faule heim, ganz mit Pech bedeckt, und das hat ihr Lebtag nicht wieder abgehen wollen.

Die drei Federn

Es war einmal ein König, der schickte seine drei Söhne in die Welt, und welcher von ihnen das feinste Linnengarn mitbrächte, der sollte nach seinem Tode das Reich haben. Und damit sie wüßten, wo hinaus sie zögen, stellte er sich vor sein Schloß und blies drei Federn in die Luft, nach deren Flug sollten sie sich richten.

Die eine flog nach Westen, der folgte der älteste; die andere nach Osten, der folgte der zweite; die dritte aber fiel auf einen Stein, nicht weit von dem Palast. Da mußte der dritte, der Dummling, zurückbleiben, und die anderen lachten ihn aus und sagten, er solle bei dem Stein das Linnengarn suchen. Der Dummling setzte sich auf den Stein und weinte, und wie er so weinte, schob sich der Stein fort, und darunter lag eine Marmorplatte mit einem Ring. Der Dummling hob sie auf, und da war eine Treppe, die hinunterführte. Er stieg hinab und kam in ein unterirdisches Gewölbe, da saß ein Mädchen und spann Flachs. Es fragte ihn, warum er so verweinte Augen hätte, da klagte er ihm sein Leid, daß er das feinste Linnen suchen solle und doch nicht danach ausziehen dürfe. Da haspelte ihm das Mädchen sein Garn ab; das war das allerfeinste Linnengarn, und hieß ihn das hinauf zu seinem Vater bringen.

Wie er nun hinaufkam, war er lange Zeit weggewesen, und seine Brüder waren eben zurückgekommen und glaubten gewiß, sie hätten das feinste Garn mitgebracht. Als aber ein jeder das seinige vorzeigte, da hatte der Dummling noch einmal so feines, und das Reich wäre sein gewesen. Aber die zwei anderen gaben sich nicht zufrieden und verlangten von dem Vater, er solle noch eine Bedingung machen.

Der König verlangte nun den schönsten Teppich und blies die drei Federn wieder in die Luft, und die dritte fiel wieder auf den Stein, und der Dummling durfte nicht weitergehen. Die anderen aber zogen nach Osten und Westen. Er hob den Stein auf und ging wieder hinab, und er fand das Mädchen geschäftig, einen wunderschönen Teppich aus den brennendsten Farben zu weben, und als der fertig war, sprach es:

„Der ist für dich gewirkt, den trag hinauf, kein Mensch auf der Welt wird einen so prächtigen haben."

Er ging damit vor seinen Vater und übertraf wieder seine Brüder, die die schönsten Teppiche aus allen Ländern zusammengebracht hatten.

Aber diese brachten den König doch dahin, daß er eine neue Bedingung machte, wer das Reich erben wolle, müsse die schönste Frau mit nach Hause bringen. Die Federn wurden wieder geblasen, und die des Dummlings blieb auf dem Stein liegen. Da ging er hinunter und klagte dem Mädchen, was sein Vater ihm wieder so

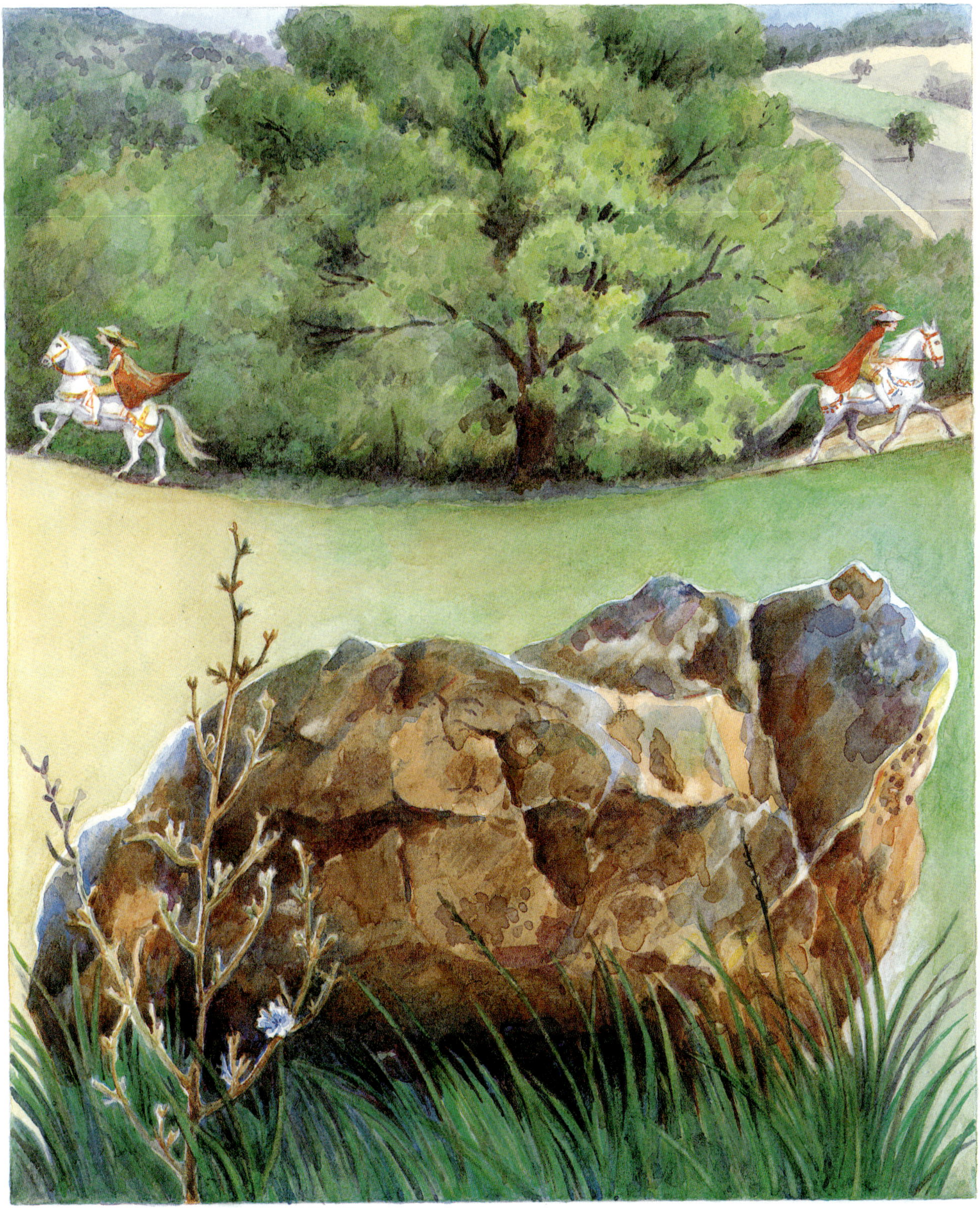

Schweres auferlegt habe; das Mädchen aber sagte, es wolle ihm schon helfen, er solle nur weiter in dem Gewölbe gehen, da werde er die Schönste auf der Welt finden.

Der Dummling ging hin und kam an ein Gemach, worin alles von Gold und Edelsteinen schimmerte und flimmerte; aber statt einer schönen Frau saß ein garstiger Frosch mitten darin. Der Frosch rief ihm zu: „Umschling mich und versenk dich!" Er wollte aber nicht, da rief der Frosch zum zweiten und dritten Mal: „Umschling mich und versenk dich!" Da faßte der Dummling den Frosch und trug ihn herauf zu einem Teich und sprang mit ihm hinein.

Kaum aber hatte das Wasser sie berührt, so hielt er die allerschönste Jungfrau in seinen Armen. Und sie stiegen heraus, und er führte sie vor seinen Vater. Da war sie tausendmal schöner als die Frauen, die sich die anderen Prinzen mitgebracht hatten.

Als der König sie erblickte, sprach er: „Dem jüngsten gehört das Reich nach meinem Tode." Aber die zwei ältesten lärmten und verlangten, der solle den Vorzug haben, dessen Frau bis zu einem Ring, der mitten im Saal festhing, springen könne. Der König willigte auch endlich ein. Die Frau des ältesten konnte aber kaum halb so hoch hinaufkommen, die Frau des zweiten kam ein wenig höher, aber die Frau des dritten sprang bis in den Ring.

Da mußten sie endlich zugeben, daß der Dummling nach ihres Vaters Tod das Reich erben solle, und als dieser starb, ward er König und hat lange in Weisheit regiert.

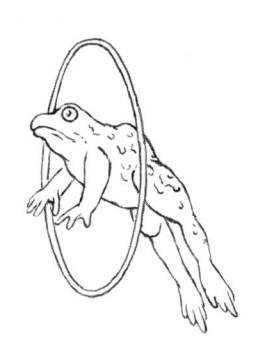

Die sechs Schwäne

Ein König jagte in einem großen Wald, verirrte sich und konnte keinen Ausgang finden.

Da kam er endlich zu einer Hexe, die bat er, sie möge ihn wieder herausleiten. Die Hexe aber antwortete, das geschehe nimmermehr, er müsse darin bleiben und sein Leben verlieren, und nur das eine könne ihn erretten, daß er ihre Tochter heirate.

Dem König war sein Leben lieb, und in der Angst sagte er ja; die Hexe brachte ihm das Mädchen, es war jung und schön, er konnte es aber nicht ohne Grausen und ohne heimliche Furcht ansehen; doch wollte er halten, was er versprochen hatte. Die Alte führte dann beide auf den rechten Weg, und daheim ward die Hexentochter seine Gemahlin.

Der König hatte noch sieben Kinder von seiner ersten Frau, sechs Buben und ein Mädchen, und weil er fürchtete, es könne ihnen von der Stiefmutter ein Leid angetan werden, brachte er sie in ein Schloß, das er mitten in einem Wald stehen hatte. Es stand so verborgen, daß niemand den Weg dahin wußte, und er selber hätte ihn nicht gefunden, wenn ihm nicht eine weise Frau einen Knäuel von Garn gegeben. Wenn er den vor sich warf, wickelte er sich auf und zeigte ihm den Weg.

Weil aber der König seine Kinder gar lieb hatte, ging er oft hinaus. Da ward die Königin neugierig und wollte wissen, was der König so viel allein in dem Wald zu tun habe. Sie fragte die Diener aus, und diese verrieten ihr das ganze Geheimnis.

Das erste war nun, daß sie sich mit List den Knäuel verschaffte, dann nahm sie sechs kleine Hemdchen und ging hinaus in den Wald. Der Knäuel zeigte ihr den Weg, und als die sechs kleinen Prinzen sie von weitem kommen sahen, freuten sie sich, meinten, ihr Vater käme und liefen heraus auf sie zu.

Da warf sie über jeden ein Hemdchen, und kaum hatte es ihren Leib berührt, da waren sie in Schwäne verwandelt, hoben sich auf in die Luft und flogen davon. Sie meinte nun, sie hätte alle Stiefkinder weggeschafft, und ging wieder heim, und so war das Mädchen, das in seiner Kammer geblieben war, errettet.

Am anderen Tag kam der König in das Waldschloß, da erzählte es ihm, was geschehen war, und zeigte ihm noch die Schwanenfedern, die von ihren sechs Brüdern auf den Hof gefallen waren.

Der König erschrak, gedachte aber nimmermehr, daß die Königin die böse Tat vollbrachte, und weil er sich sorgte, die Prinzessin möge ihm auch geraubt werden, wollte er sie mit sich nach Haus nehmen. Sie fürchtete sich aber vor ihrer Stiefmutter und bat ihn, er möge sie nur noch die Nacht in dem Schloß lassen. In der Nacht aber entfloh sie und geradezu in den Wald hinein.

Als sie auch den ganzen Tag bis zum Abend fortgegangen war, kam sie zu einer Wildhütte. Sie stieg hinauf und fand eine Stube mit sechs kleinen Betten; weil sie müde war, legte sie sich unter eines und wollte da die Nacht verbringen.

Bei Sonnenuntergang aber kamen sechs Schwäne durch das Fenster hereingeflogen, setzten sich auf den Boden und bliesen einander an, und bliesen sich alle Federn ab, wie ein Tuch streifte sich ihre Schwanenhaut ab, und da waren es ihre sechs Brüder.

Sie kroch unter dem Bett hervor, und die Brüder waren beides, erfreut und betrübt, sie zu sehen:

„Du kannst hier nicht bleiben", sagten sie, „das ist eine Räuberherberge, wenn die Räuber von ihrem Zuge heimkommen, dann wohnen sie hier. Jeden Abend können wir uns aber eine Viertelstunde lang die Schwanenhaut abblasen und auf so lange unsere menschliche Gestalt haben, hernach aber ist es wieder vorbei. Wenn du uns erlösen willst, mußt du in sechs Jahren sechs Hemdlein aus Sternenblumen zusammennähen. Während dieser Zeit aber darfst du nicht sprechen und nicht lachen, sonst ist alle Arbeit verloren." Und als die Brüder das gesprochen hatten, war die Viertelstunde herum, und sie waren wieder in Schwäne verwandelt.

Am anderen Morgen aber sammelte das Mädchen Sternblumen, setzte sich dann auf einen hohen Baum und fing an zu nähen; es redete kein Wort und lachte nicht, sondern sah nur auf seine Arbeit.

Einmal jagte ein König, dem das Land gehörte, in dem Wald, und seine Jäger kamen zu dem Baum, auf welchem das Mädchen saß. Sie riefen ihm zu, es solle herabsteigen. Weil es ihnen nun doch nicht antworten durfte, wollte es sie mit Geschenken befriedigen und warf ihnen seine goldene Halskette herab. Sie riefen aber noch immer, da warf es seinen Gürtel, als auch dies nichts half, seine Strumpfbänder, endlich alles, was es entbehren konnte, herunter, so daß es nichts mehr als sein Hemdlein anbehielt. Den Jägern war aber das alles nicht genug, sie stiegen auf den Baum, hoben das Mädchen herab und brachten es mit Gewalt zum König.

Der König war verwundert über seine Schönheit, wickelte es in seinen Mantel, setzte es vor sich aufs Pferd und führte es nach Haus. Obwohl es stumm war, liebte er das Mädchen doch von Herzen, und es

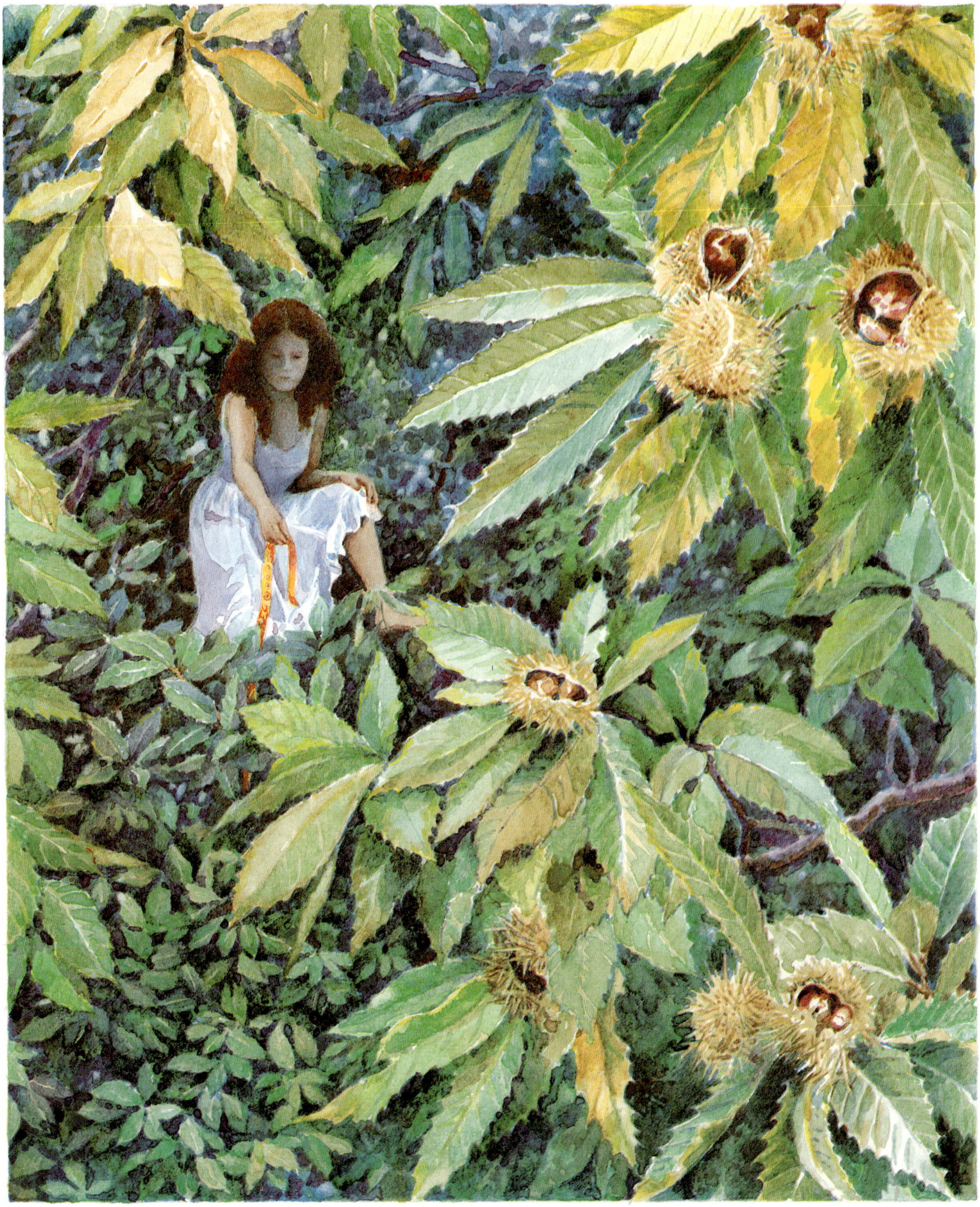

ward seine Gemahlin. Des Königs Mutter aber war böse darüber und sprach schlecht von ihr: niemand wisse, woher die Dirne gekommen, und sie sei des Königs unwert.

Als sie nun den ersten Prinzen zur Welt brachte, nahm die Schwiegermutter ihn weg, bestrich ihr den Mund mit Blut und gab dann bei dem König vor, die Königin habe ihr eigenes Kind gefressen und sei eine Zauberin.

Der König aber, aus großer Liebe, wollte es nicht glauben, danach, als sie den zweiten Prinzen gebar, übte die gottlose Schwiegermutter denselben Betrug und klagte sie wieder beim König an. Und weil sie nicht reden durfte, sondern immer stumm saß und an den sechs Hemden arbeitete, so konnte sie nichts mehr erretten, und sie ward zum Feuer verdammt.

Der Tag kam heran, wo das Urteil vollzogen werden sollte. Es war gerade der letzte Tag von den sechs Jahren, und sie war mit den sechs Hemden fertig geworden, nur an einem fehlte der linke Ärmel.

Wie sie nun zum Scheiterhaufen geführt wurde, nahm sie die sechs Hemden mit sich, und wie sie oben stand und eben das Feuer angesteckt werden sollte, sah sie sechs Schwäne durch die Luft daherziehen und sich über ihr herabsenken.

Da warf sie die Hemden über die Schwäne, und kaum waren sie davon berührt, so fiel ihre Schwanenhaut ab, und die sechs Brüder standen leibhaftig vor ihr. Nur dem sechsten fehlte der linke Arm, und er hatte dafür einen Schwanenflügel auf dem Rücken.

Da war ihr auch die Sprache wiedergegeben, und sie erzählte, wie die Schwiegermutter sie so boshaft verleumdet hatte. Dafür ward diese auf den Scheiterhaufen gebracht und verbrannt. Sie aber lebte lange mit dem König und ihren sechs Brüdern in Freuden.

Brüderchen und Schwesterchen

Brüderchen nahm sein Schwesterchen an der Hand und sagte: „Seit die Mutter tot ist, haben wir keine gute Stunde mehr, die Stiefmutter schlägt uns alle Tage, und wenn wir zu ihr kommen, stößt sie uns mit dem Fuß fort; sie gibt uns auch nichts zu essen als harte Brotkrusten; dem Hündlein unter dem Tisch geht's besser, dem wirft sie doch manchmal was Gutes zu, daß Gott erbarm, wenn das unsere Mutter wüßte! Komm, laß uns miteinander fortgehen."

Sie gingen zusammen fort und kamen in einen großen Wald, da waren sie so traurig und so müde, daß sie sich in einen hohlen Baum setzten und da vor Hunger sterben wollten.

Sie schliefen zusammen ein, und wie sie am Morgen aufwachten, war die Sonne schon lange aufgestiegen und schien heiß in den hohlen Baum hinein. „Schwesterchen", sagte das Brüderchen nach einer Zeit, „mich dürstet so gewaltig, wenn ich ein Brünnlein in der Nähe wüßte, ich ging hin und tränk einmal, es ist mir auch, als hörte ich eins rauschen."

„Was hilft das", antwortete das Schwesterchen, „warum willst du trinken, da wir doch Hungers sterben wollen." Brüderchen aber schwieg still und stieg heraus, und weil es das Schwesterchen immer fest mit der Hand hielt, mußte es mit heraussteigen.

Die böse Schwiegermutter aber war eine Hexe, und wie sie die zwei Kinder hatte fortgehen sehen, war sie ihnen nachgegangen und hatte ein klares Brünnlein in der Nähe des Baums aus dem Felsen springen lassen, das sollte durch sein Rauschen die Kinder herbeilocken und zum Trinken reizen. Wer aber davon trank, der ward in ein Rehkälbchen verwandelt.

Brüderchen kam bald mit dem Schwesterchen zu dem Brünnlein, und als er es so glitzerig über die Steine springen sah, ward seine Lust immer größer, und er wollte davon trinken. Aber dem Schwesterchen war angst, es meinte, das Brünnlein spräche im Rauschen und sagte:

„Wer mich trinkt, wird zum Rehkälbchen; wer mich trinkt, wird zum Rehkälbchen!"

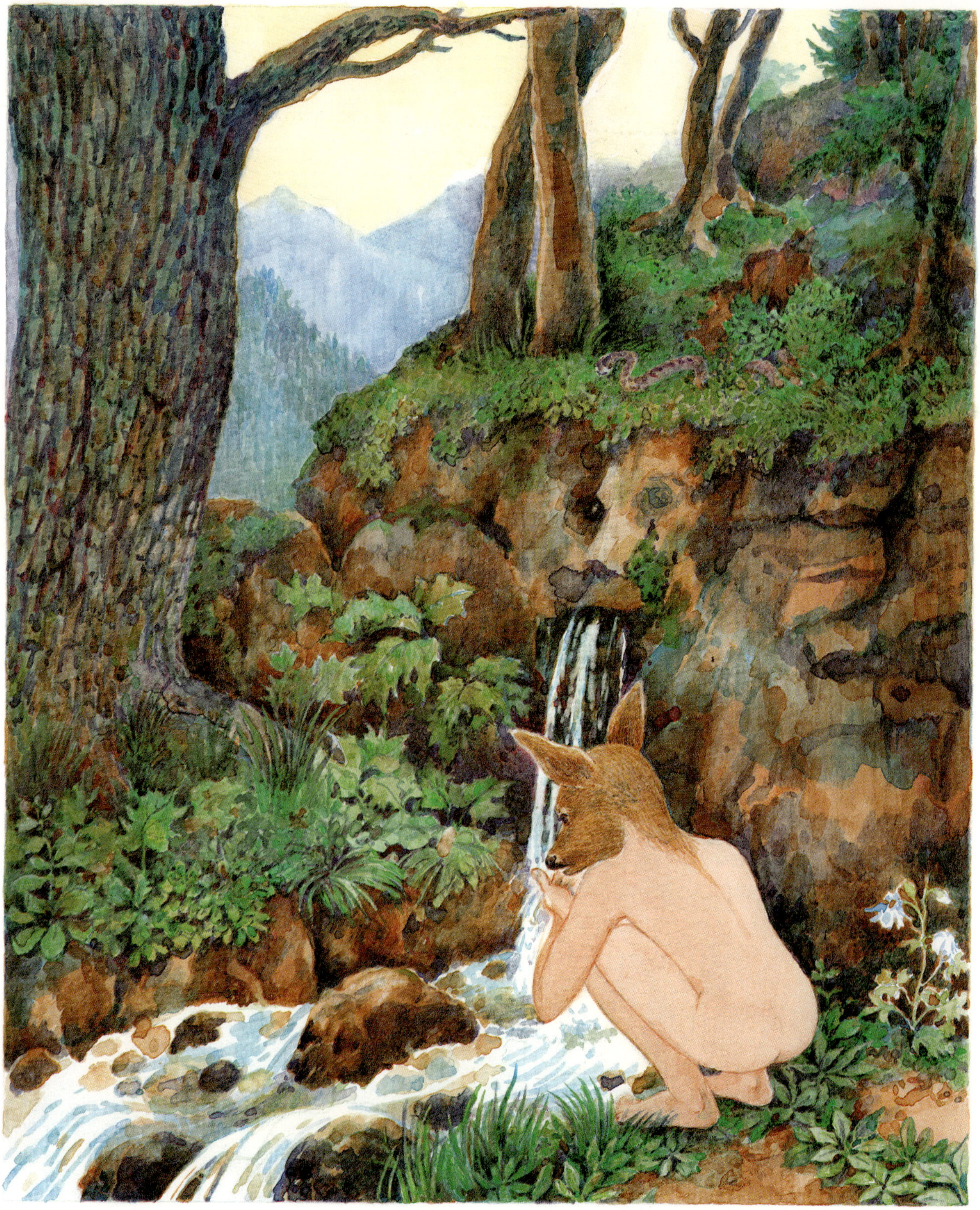

Da bat es das Brüderchen, nicht von dem Wasser zu trinken. „Ich höre nichts", sagte das Brüderchen, „nur daß das Wasser so lieblich rauscht, laß mich nur gehen!"

Damit legte es sich nieder, beugte sich herab und trank, und als der erste Tropfen auf seine Lippen gekommen war, da lag ein Rehkälbchen an dem Brünnlein.

Das Schwesterchen weinte und weinte; die Hexe aber war böse, daß sie es nicht auch zum Trinken hatte verführen können.

Nachdem es drei Tage geweint, stand es auf und sammelte die Binsen in dem Wald, und flocht ein weiches Seil daraus. Dann band es das Rehkälbchen daran und führte es mit sich.

Es suchte ihm auch eine Höhle, trug Moos und Laub hinein und machte ihm ein weiches Lager; am Morgen ging es mit ihm hinaus, wo zartes Gras war und sammelte das allerschönste, das fraß es ihm aus der Hand, und das Rehkälbchen war dann vergnügt und spielte auf den Hügeln. Abends aber, wenn Schwesterlein müde war, legte es seinen Kopf auf den Rücken des Rehkälbchens, das war sein Kissen, und so schlief es ein. Und hätte das Brüderchen nur seine menschliche Gestalt gehabt, das wäre ein herrliches Leben gewesen.

So lebten sie lange Jahre in dem Wald. Nach einer Zeit jagte der König und verirrte sich darin. Da fand er das Mädchen mit dem Tierlein in dem Wald und war erstaunt über seine Schönheit. Er hob es zu sich auf sein Pferd und nahm es mit, und das Rehkälbchen lief an dem Seile nebenher.

An dem königlichen Hofe ward ihm alle Ehre angetan, schöne Jungfrauen mußten es bedienen, doch war es selber schöner als alle andern; das Rehkälbchen ließ es niemals von sich und tat ihm alles Gute an. Bald darauf starb die Königin, da ward das Schwesterchen mit dem König vermählt und lebte in allen Freuden.

Die Stiefmutter hatte aber von dem Glück gehört, das dem armen Schwesterchen begegnet war; sie dachte, es wäre längst im Wald von den wilden Tieren gefressen worden, aber die hatten ihm nichts getan, und nun war es Königin im Reich. Die Hexe war so böse darüber, daß sie nur darauf sann, wie sie ihr das Glück verderben könnte.

Als im folgenden Jahr die Königin einen schönen Prinzen zur Welt gebracht hatte und der König auf der Jagd war, trat sie in der Gestalt der Kammerfrau in die Stube, worin die junge Mutter lag. „Das Bad ist für Euch bereitet", sagte sie, „das wird Euch wohltun und stärken, kommt, eh es kalt wird!" Sie führte sie darauf in die Badestube; als die Königin hineingetreten war, schloß sie die Türe hinter ihr zu, drinnen aber war ein Höllenfeuer angemacht, da mußte die schöne Königin ersticken.

Die Hexe hatte eine rechte Tochter, der gab sie ganz die äußerliche Gestalt der Königin und legte sie an ihrer Stelle in das Bett. Der König kam am Abend heim und wußte nicht, daß er eine falsche Frau hatte. Aber in der Nacht sah die Kinderfrau, wie die rechte Königin in die Stube trat, zur Wiege ging, ihr Kind herausnahm, es an ihre Brust hob und ihm zu trinken gab. Dann schüttelte sie ihm sein Bettchen auf, legte es wieder hinein und deckte es zu.

Darauf ging sie in die Ecke, wo das

Rehkälbchen schlief, und streichelte ihm über den Rücken.

So kam sie alle Nacht und ging wieder fort, ohne ein Wort zu sprechen. Einmal aber trat sie wieder ein und sprach:

„Was macht mein Kind? Was macht mein Reh? Nun komm ich noch zweimal und dann nimmermehr",

und tat alles wie in den andern Nächten. Die Kinderfrau weckte aber den König und sagte es ihm heimlich. Der König wachte die andere Nacht, und da sah er auch, wie die Königin kam und hörte deutlich ihre Worte:

„Was macht mein Kind? Was macht mein Reh? Nun komm ich noch einmal, dann nimmermehr."

Aber er getraute sich nicht, sie anzureden. In der andern Nacht wachte er wieder, da sprach die Königin:

„Was macht mein Kind? Was macht mein Reh? Nun komm ich noch diesmal her und dann nimmermehr."

Da konnte sich der König nicht länger halten, sprang auf und umarmte sie, und wie er sie anrührte, ward sie wieder lebendig, frisch und rot. Die falsche Königin ward in den Wald geführt, wo die wilden Tiere sie fraßen, die böse Stiefmutter aber ward verbrannt, und wie das Feuer sie verzehrte, da verwandelte sich das Rehkälbchen, und Brüderchen und Schwesterchen waren wieder beisammen und lebten glücklich ihr Leben lang.

Die Kristallkugel

Es war einmal eine Zauberin, die hatte drei Söhne, die sich brüderlich liebten: aber die Alte traute ihnen nicht und dachte, sie wollten ihr ihre Macht rauben.

Da verwandelte sie den ältesten in einen Adler, der mußte auf einem Felsengebirge hausen, und man sah ihn manchmal am Himmel in großen Kreisen auf- und niederschweben.

Den zweiten verwandelte sie in einen Walfisch, der lebte im tiefen Meer, und man sah nur, wie er zuweilen einen mächtigen Wasserstrahl in die Höhe warf. Beide hatten nur zwei Stunden jeden Tag ihre menschliche Gestalt.

Der dritte Sohn, da er fürchtete, sie möchte ihn auch in ein reißendes Tier verwandeln, in einen Bären oder einen Wolf, ging heimlich fort.

Er hatte aber gehört, daß auf dem Schloß der goldenen Sonne eine verwünschte Königstochter säße, die auf Erlösung harrte: es müßte aber jeder sein Leben daran wagen. Schon dreiundzwanzig Jünglinge wären eines jämmerlichen Todes gestorben und nur noch einer übrig, dann dürfte keiner mehr kommen. Und da sein Herz ohne Furcht war, so faßte er den Entschluß, das Schloß von der goldenen Sonne aufzusuchen.

Er war schon lange Zeit herumgezogen und hatte es nicht finden können, da geriet er in einen großen Wald und wußte nicht, wo der Ausgang war. Auf einmal erblickte er in der Ferne zwei Riesen, die winkten ihm mit der Hand, und als er zu ihnen kam, sprachen sie: „Wir streiten um einen Hut, wem er zugehören soll, und da wir beide gleich stark sind, so kann keiner den andern überwältigen: die kleinen Menschen sind klüger als wir, daher wollen wir dir die Entscheidung überlassen."

„Wie könnt ihr euch um einen alten Hut streiten?" sagte der Jüngling.

„Du weißt nicht, was er für Eigenschaften hat, es ist ein Wünschhut, wer den aufsetzt, der kann sich hinwünschen, wohin er will, und im Augenblick ist er dort."

„Gebt mir den Hut", sagte der Jüngling, „ich will ein Stück Wegs gehen, und wenn ich euch dann rufe, so lauft um die Wette, und wer am ersten bei mir ist, dem soll er gehören."

Er setzte den Hut auf und ging fort, dachte aber an die Königstochter, vergaß die Riesen und ging immer weiter. Einmal seufzte er aus Herzensgrund und rief: „Ach, wäre ich doch auf dem Schloß der goldenen Sonne!" Und kaum waren die Worte über seine Lippen, so stand er auf einem hohen Berg vor dem Tor des Schlosses.

Er trat hinein und ging durch alle Zimmer, bis er in dem letzten die Königstochter fand. Aber wie erschrak er, als er sie anblickte: sie hatte ein aschgraues Gesicht

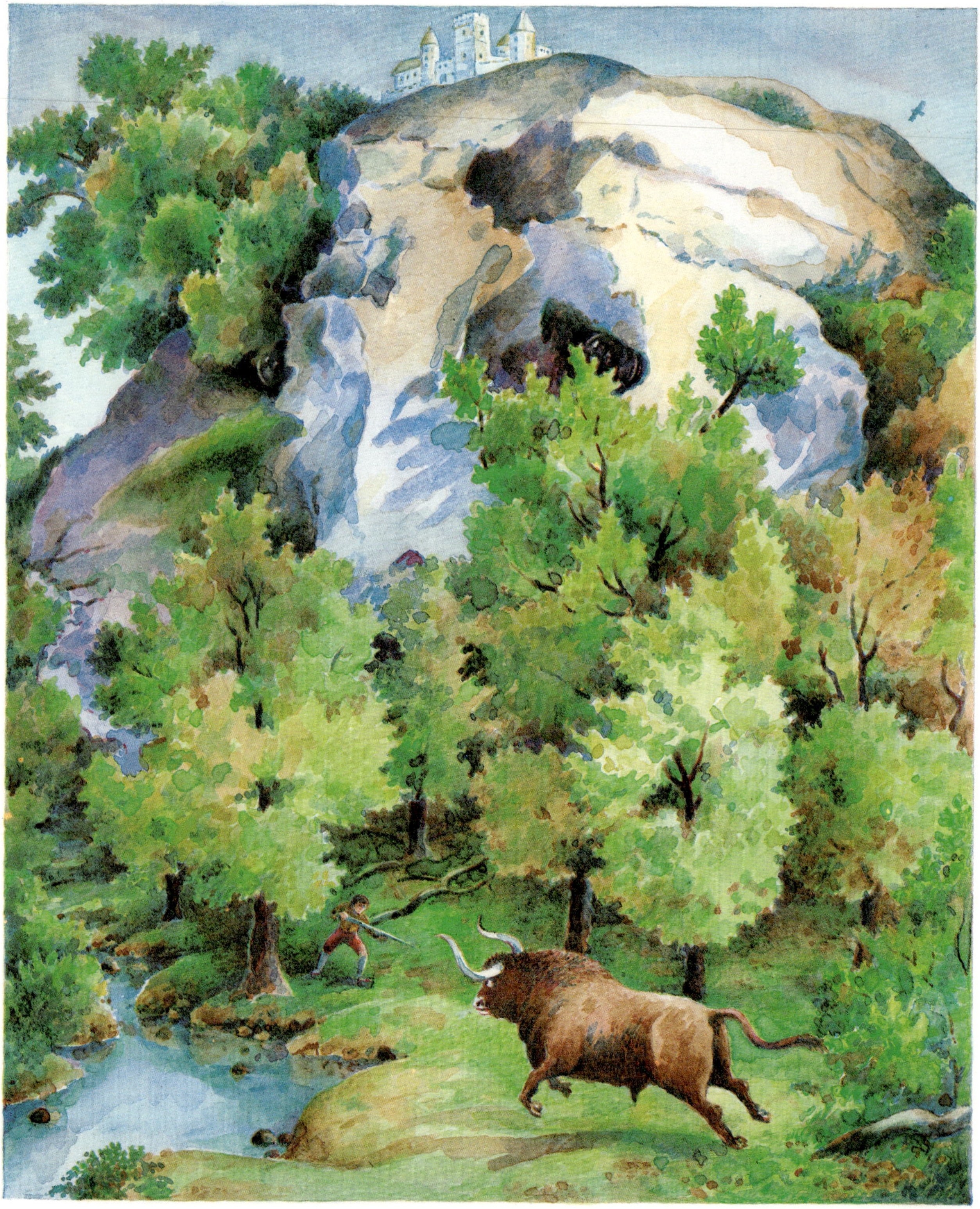

voll Runzeln, trübe Augen und rote Haare. „Seid Ihr die Königstochter, deren Schönheit alle Welt rühmt?" rief er aus.

„Ach", erwiderte sie, „das ist meine Gestalt nicht, die Augen der Menschen können mich nur in dieser Häßlichkeit erblicken, aber damit du weißt, wie ich aussehe, so schau in den Spiegel, der läßt sich nicht irremachen, der zeigt dir mein Bild, wie es in Wahrheit ist."

Sie gab ihm den Spiegel in die Hand, und er sah darin das Abbild der schönsten Jungfrau, die auf der Welt war, und sah, wie ihr vor Traurigkeit die Tränen über die Wangen rollten. Da sprach er: „Wie kannst du erlöst werden? Ich scheue keine Gefahr." Sie sprach: „Wer die kristallne Kugel erlangt und hält sie dem Zauberer vor, der bricht damit seine Macht, und ich kehre in meine wahre Gestalt zurück. Ach", setzte sie hinzu, „schon so mancher ist darum in seinen Tod gegangen, und du, junges Blut, du jammerst mich, wenn du dich in die großen Gefährlichkeiten begibst."

„Mich kann nichts abhalten", sprach er, „aber sage mir, was ich tun muß."

„Du sollst alles wissen", sprach die Königstochter, „wenn du den Berg, auf dem das Schloß steht, hinabgehst, so wird unten an einer Quelle ein wilder Auerochs stehen, mit dem mußt du kämpfen. Und wenn es dir glückt, ihn zu töten, so wird sich aus ihm ein feuriger Vogel erheben, der trägt in seinem Leib ein glühendes Ei, und in dem Ei steckt als Dotter die Kristallkugel. Er läßt aber das Ei nicht fallen, bis er dazu gedrängt wird, fällt es aber auf die Erde, so zündet es und verbrennt alles in seiner Nähe, und das Ei selbst zerschmilzt und mit ihm die kristallne Kugel, und all deine Mühe ist vergeblich gewesen."

Der Jüngling stieg hinab zu der Quelle, wo der Auerochse schnaubte und ihn anbrüllte. Nach langem Kampf stieß er ihm sein Schwert in den Leib, und er sank nieder. Augenblicklich erhob sich aus ihm der Feuervogel und wollte fortfliegen, aber der Adler, der Bruder des Jünglings, der zwischen den Wolken daherzog, stürzte auf ihn herab, jagte ihn nach dem Meer hin und stieß ihn mit seinem Schnabel an, so daß er in der Bedrängnis das Ei fallen ließ. Es fiel aber nicht in das Meer, sondern auf eine Fischerhütte, die am Ufer stand, und die fing gleich an zu rauchen und wollte in Flammen aufgehen. Da erhoben sich im Meer haushohe Wellen, strömten über die Hütte und bezwangen das Feuer. Der andere Bruder, der Walfisch, war herangeschwommen und hatte das Wasser in die Höhe getrieben. Als der Brand gelöscht war, suchte der Jüngling nach dem Ei und fand es glücklicherweise: es war noch nicht geschmolzen, aber die Schale war von der plötzlichen Abkühlung durch das kalte Wasser zerbröckelt, und er konnte die Kristallkugel unversehrt herausnehmen.

Als der Jüngling zu dem Zauberer ging und sie ihm vorhielt, so sagte dieser: „Meine Macht ist zerstört, und du bist von nun an der König vom Schloß der goldenen Sonne. Auch deinen Brüdern kannst du die menschliche Gestalt damit zurückgeben."

Da eilte der Jüngling zu der Königstochter, und als er in ihr Zimmer trat, so stand sie da in vollem Glanz ihrer Schönheit, und beide wechselten voll Freude ihre Ringe miteinander.

Aschenputtel

Es war einmal ein reicher Mann, der lebte lange Zeit vergnügt mit seiner Frau, und sie hatten ein einziges Töchterlein zusammen. Da wurde die Frau krank, und als sie fühlte, daß ihr Ende nahte, rief sie ihre Tochter und sagte:

„Liebes Kind, ich muß dich verlassen, aber wenn ich oben im Himmel bin, will ich auf dich herab sehen; pflanz ein Bäumlein auf mein Grab, und wenn du etwas wünschest, schüttele daran, so sollst du es haben, und wenn du in Not bist, so will ich dir Hilfe schicken, nur bleib fromm und gut."

Nachdem sie das gesagt, tat sie die Augen zu und starb; das Kind aber weinte und pflanzte ein Bäumlein auf das Grab und brauchte kein Wasser hinzutragen und es zu begießen, denn es war genug mit seinen Tränen. Der Schnee deckte ein weißes Tüchlein auf der Mutter Grab, und als die Sonne es wieder weggezogen hatte und das Bäumlein zum zweiten Mal grün geworden war, da nahm sich der Mann eine andere Frau. Die Stiefmutter aber hatte schon zwei Töchter von ihrem ersten Mann, die waren von Angesicht schön, von Herzen aber stolz und hoffärtig und böse.

Wie nun die Hochzeit gewesen und alle drei in das Haus gefahren kamen, da fing eine schlimme Zeit für das arme Kind an. „Was macht der garstige Unnütz in den Stuben", sagte die Stiefmutter, „fort mit ihr in die Küche; wenn sie Brot essen will, muß sie's erst verdient haben, sie kann unsere Magd sein." Da nahmen ihm die Stiefschwestern die Kleider weg und zogen ihm einen alten grauen Rock an. „Der ist gut für dich!" sagten sie, lachten es aus und führten es in die Küche. Da mußte das arme Kind so schwere Arbeit tun: früh vor Tag aufstehen, Wasser tragen, Feuer anmachen, kochen und waschen. Und die Stiefschwestern taten ihm noch alles erdenkliche Herzeleid an, spotteten es, schütteten ihm Erbsen und Linsen in die Asche, da mußte es den ganzen Tag sitzen und sie wieder auslesen. Wenn es abends müd war, kam es in kein Bett, sondern mußte sich neben dem Herd in die Asche legen. Und weil es da immer die Asche und Staub herumwühlte und schmutzig aussah, gaben sie ihm den Namen „Aschenputtel".

Es begab sich aber, daß der König ein Fest anstellte, das sollte in aller Pracht drei Tage dauern; und sein Sohn, der Prinz, sollte sich eine Gemahlin aussuchen; dazu wurden die zwei stolzen Schwestern auch eingeladen. „Aschenputtel", riefen sie, „komm herauf, kämme uns die Haare, bürste uns die Schuhe und schnalle sie fest, wir gehen auf den Ball zum Prinzen." Aschenputtel gab sich alle Mühe und putzte sie so gut es konnte, sie gaben ihm aber nur Scheltworte dazwischen, und als sie fertig waren, fragten sie spöttisch:

„Aschenputtel, du gingst wohl gern mit auf den Ball?" – „Ach ja, wie kann ich aber hingehen, ich habe keine Kleider." – „Nein", sagte die älteste, „das wär mir recht, daß du dich dort sehen ließest, wir würden uns schämen, wenn die Leute hörten, daß du unsere Schwester wärest; du gehörst in die Küche, da hast du eine Schüssel voll Linsen, wenn wir wiederkommen, muß sie gelesen sein, und hüt dich, daß keine böse darunter ist, sonst hast du nichts Gutes zu erwarten."

Damit gingen sie fort, und Aschenputtel stand und sah ihnen nach, und als es nichts mehr sehen konnte, ging es traurig in die Küche, und schüttete die Linsen auf den Herd, da war es ein großer, großer Haufen. „Ach", sagte es und seufzte dabei, „da muß ich dran lesen bis Mitternacht und darf die Augen nicht zufallen lassen, auch wenn sie mir noch so weh tun; wenn das meine Mutter wüßte!" Da kniete es sich vor den Herd in die Asche und wollte anfangen zu lesen, indem flogen zwei weiße Tauben durchs Fenster und setzten sich neben die Linsen auf den Herd; sie nickten mit den Köpfchen und sagten: „Aschenputtel, sollen wir dir helfen die Linsen lesen?" – „Ja", antwortete Aschenputtel:

„Die schlechten ins Kröpfchen,
die guten ins Töpfchen."

Und pick, pick, pick, pick fingen sie an und fraßen die schlechten weg und ließen die guten liegen. Und in einer Viertelstunde waren die Linsen so rein, daß auch nicht eine falsche darunter war, und Aschenputtel konnte sie alle ins Töpfchen streichen. Darauf aber sagten die Tauben: „Aschenputtel, willst du deine Schwestern mit dem Prinzen tanzen sehen, so steig auf den Taubenschlag." Aschenputtel ging ihnen nach und stieg bis auf den letzten Leitersproß, da konnte es in den Saal sehen, und sah seine Schwestern mit dem Prinzen tanzen, und es flimmerte und glänzte von viel tausend Lichtern vor seinen Augen. Und als es sich satt gesehen, stieg es wieder herab, und es war ihm schwer um's Herz. Es legte sich in die Asche und schlief ein.

Am anderen Morgen kamen die zwei Schwestern in die Küche, und als sie sahen, daß Aschenputtel die Linsen rein gelesen hatte, waren sie böse, denn sie wollten es gern schelten. Und da sie das nicht konnten, fingen sie an, von dem Ball zu erzählen und sagten: „Aschenputtel, das ist eine Lust gewesen, bei dem Tanz, der Prinz, der allerschönste auf der Welt, hat uns dazu geführt, und eine von uns wird seine Gemahlin werden." – „Ja", sagte Aschenputtel, „ich habe die Lichter flimmern sehen, das mag recht prächtig gewesen sein." – „Ei! Wie hast du das angefangen?" fragte die älteste. – „Ich hab oben auf dem Taubenstall gestanden!"

Wie sie das hörte, trieb sie der Neid, und sie befahl, daß der Taubenstall gleich niedergerissen werden sollte. Aschenputtel aber mußte sie wieder kämmen und putzen; da sagte die jüngste, die noch ein wenig Mitleid im Herzen hatte: „Aschenputtel, wenn's dunkel ist, kannst du hinzugehen und von außen durch die Fenster gucken!" – „Nein", sagte die älteste, „das macht sie nur faul, da hast du einen Sack voll Wicken, Aschenputtel, da lese die guten und bösen auseinander und sei fleißig, und wenn du sie morgen nicht rein hast, so schütte ich sie dir in die Asche und du mußt hungern, bis du sie alle herausgesucht hast."

Aschenputtel setzte sich betrübt auf den Herd und schüttete die Wicken aus. Da flogen die Tauben wieder herein und taten freundlich: „Aschenputtel, sollen wir dir die Wicken lesen?" – „Ja", antwortete Aschenputtel:

„Die schlechten ins Kröpfchen,
die guten ins Töpfchen."

Pick, pick, pick, pick! ging's so geschwind, als wären zwölf Hände da. Und als sie fertig waren, sagten die Tauben: „Aschenputtel, willst du auch auf den Ball gehen und tanzen?" – „O, du mein Gott", sagte es, „wie kann ich in meinen schmutzigen Kleidern hingehen?" – „Geh zu dem Bäumlein auf deiner Mutter Grab, schüttele daran und wünsche dir schöne Kleider, komm aber vor Mitternacht wieder."

Da ging Aschenputtel hinaus, schüttelte das Bäumchen und sprach:

„Bäumlein, rüttel und schüttel dich,
wirf schöne Kleider herab für mich!"

Kaum hatte es das gesagt, da lag ein prächtig silbernes Kleid vor ihm, Perlen, seidene Strümpfe mit silbernen Zwickeln und silberne Pantoffel und was sonst dazu gehörte. Aschenputtel trug alles nach Haus, und als es sich gewaschen und angezogen hatte, da war es so schön wie eine Rose, die der Tau gewaschen hat. Und wie es vor die Haustüre kam, so stand da ein Wagen mit sechs federgeschmückten Rappen und Bediente dabei in Blau und Silber, die hoben es hinein, und so ging's im Galopp zu dem Schloß des Königs.

Der Prinz aber sah den Wagen vor dem Tor halten und meinte, eine fremde Prinzessin käme angefahren. Da ging er selbst die Treppe hinab, hob Aschenputtel hinaus und führte es in den Saal. Und als da der Glanz der vielen tausend Lichter auf es fiel, da war es so schön, daß jedermann sich darüber verwunderte.

Die Schwestern standen auch da und ärgerten sich, daß jemand schöner war als sie, aber sie dachten nimmermehr, daß es Aschenputtel wäre, das zu Hause in der Asche lag. Der Prinz aber tanzte mit Aschenputtel und er gedachte bei sich: „Ich soll mir eine Braut aussuchen, da weiß ich mir keine als diese!" Für so lange Zeit in Asche und Traurigkeit lebte Aschenputtel nun in Pracht und Freude. Als aber Mitternacht kam, eh es zwölf geschlagen, stand es auf, neigte sich, und obwohl der Prinz bat und bat, so wollte es nicht länger bleiben. Da führte es der Prinz hinab, unten stand der Wagen und wartete, und so fuhr es fort in Pracht, wie es gekommen war.

Als Aschenputtel zu Hause war, ging es wieder zu dem Bäumlein auf der Mutter Grab:

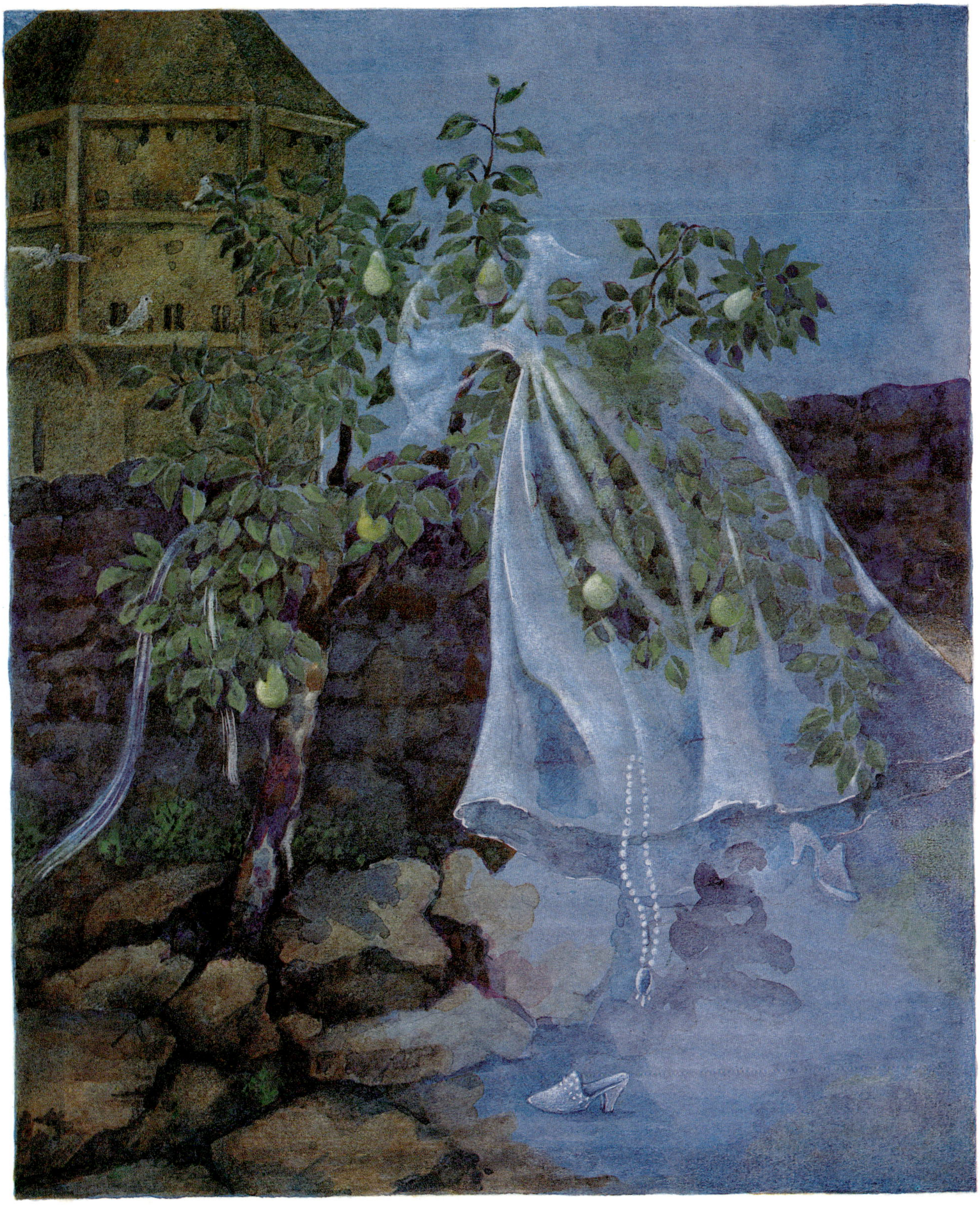

„Bäumlein, rüttel dich und schüttel dich!
Nimm die Kleider wieder für dich!"
Da nahm der Baum die Kleider wieder, und Aschenputtel hatte sein altes Aschenkleid an, damit ging es zurück, machte sich das Gesicht staubig und legte sich in die Asche schlafen.

Am Morgen darauf kamen die Schwestern, sahen verdrießlich aus und schwiegen still. Aschenputtel sagte: „Ihr habt wohl gestern abend viel Freude gehabt." – „Nein, es war ein Prinzessin da, mit der hat der Prinz fast immer getanzt, es hat sie aber niemand gekannt und niemand gewußt, woher sie gekommen ist."

„Ist es vielleicht die gewesen, die in dem prächtigen Wagen mit sechs Rappen gefahren ist?" fragte Aschenputtel. – „Woher weißt du das?" – „Ich stand in der Haustüre, da sah ich sie vorbeifahren." – „In Zukunft bleib bei der Arbeit", sagte die älteste und sah Aschenputtel böse an, „was brauchst du in der Haustüre zu stehen!"

Aschenputtel mußte zum dritten Mal die zwei Schwestern putzen, und zum Lohn gaben sie ihm eine Schüssel mit Erbsen, die sollte es rein lesen. „Und daß du dich nicht unterstehst, von der Arbeit wegzugehen!" rief die älteste noch nach. Aschenputtel gedachte: „Wenn nur meine Tauben nicht ausbleiben", und das Herz schlug ihm ein wenig. Die Tauben aber kamen wie am vorigen Abend und sagten: „Aschenputtel, sollen wir die Erbsen lesen?" – „Ja", antwortete Aschenputtel:

„Die schlechten ins Kröpfchen,
die guten ins Töpfchen."

Die Tauben pickten wieder die bösen heraus und waren bald damit fertig, dann sagten sie: „Aschenputtel, schüttele das Bäumlein, das wird dir noch schönere Kleider herunterwerfen, geh auf den Ball, aber hüte dich, daß du vor Mitternacht wiederkommst."

Aschenputtel ging hin:

„Bäumlein, rüttel dich und schüttel dich, wirf schöne Kleider herab für mich."

Da fiel ein Kleid herab noch viel herrlicher und prächtiger als das vorige, ganz von Gold und Edelsteinen; dazu goldgezwickelte Strümpfe und goldene Pantoffeln. Und als Aschenputtel damit angekleidet war, da glänzte es recht, wie die Sonne am Mittag. Vor der Türe hielt ein Wagen mit sechs Schimmeln, die hatten hohe weiße Federbüsche auf dem Kopf, und die Bedienten waren in Rot und Gold gekleidet.

Als Aschenputtel ankam, stand der Prinz schon auf der Treppe und führte es in den Saal. Und waren gestern alle über ihre Schönheit erstaunt, so erstaunten sie heute noch mehr, und die Schwestern standen in der Ecke und waren blaß vor Neid, und hätten sie gewußt, daß das Aschenputtel war, sie wären gestorben vor Neid.

Der Prinz aber wollte wissen, wer die fremde Prinzessin sei, woher sie gekommen und wohin sie fahre, und hatte Leute auf die Straße gestellt, die sollten Acht darauf haben. Und damit sie nicht so schnell fortlaufen könne, hatte er die Treppe mit Pech betreichen lassen.

Aschenputtel tanzte und tanzte mit dem Prinzen, war in Freuden und gedachte nicht an Mitternacht. Auf einmal, wie es mitten im Tanzen war, hörte es den Glockenschlag, da fiel ihm ein, wie die Tauben es gewarnt, erschrak und eilte zur Türe hinaus und flog recht die Treppe hinunter.

Weil die aber mit Pech bestrichen war, blieb einer von den goldenen Pantoffeln hängen, und in der Angst dachte es nicht daran, ihn mitzunehmen. Und wie es den letzten Schritt von der Treppe tat, da hatte es zwölf ausgeschlagen: Wagen und Pferde waren verschwunden, und Aschenputtel stand in seinen Aschenkleidern auf der dunklen Straße.

Der Prinz war ihm nachgeeilt; auf der Treppe fand er den goldenen Pantoffel, riß ihn los und hob ihn auf. Wie er aber unten hinkam, war alles verschwunden; und auch die Leute, die zur Wache aufgestellt waren, kamen und sagten, daß sie nichts gesehen hatten.

Aschenputtel war froh, daß es nicht schlimmer gekommen war und ging nach Haus; da steckte es sein trübes Öllämpchen an, hängte es in den Schornstein und legte sich in die Asche. Es währte nicht lange, so kamen die beiden Schwestern auch und riefen: „Aschenputtel, steh auf und leucht uns."

Aschenputtel gähnte und tat, als erwachte es aus dem Schlaf. Bei dem Leuchten aber hörte es, wie die eine sagte: „Gott weiß, wer die verwünschte Prinzessin ist, daß sie in der Erde begraben läg. Der Prinz hat nur mit ihr getanzt, und als sie weg war, hat er gar nicht mehr bleiben wollen, und das ganze Fest hat ein Ende gehabt."

„Es war recht, als wären alle Lichter auf einmal ausgeblasen worden", sagte die andere. Aschenputtel wußte wohl, wer die fremde Prinzessin war, aber es sagte kein Wörtchen.

Der Prinz aber gedachte: „Ist dir alles andere fehlgeschlagen, so wird dir der Pantoffel die Braut finden helfen", und ließ bekanntmachen, die, welcher der goldene Pantoffel passe, solle seine Gemahlin werden. Aber allen war er viel zu klein, ja, manche hätten ihren Fuß nicht hineingebracht, und wären die zwei Pantoffeln ein einziger gewesen. Endlich kam die Reihe auch an die beiden Schwestern, die Probe zu machen. Sie waren froh, denn sie hatten kleine schöne Füße und glaubten, uns kann es nicht fehlschlagen, wär der Prinz nur gleich zu uns gekommen. „Hört", sagte die Mutter heimlich, „da habt ihr ein Messer, und wenn euch der Pantoffel doch noch zu eng ist, so schneidet euch ein Stück vom Fuß ab, es tut ein bißchen weh, was schadet das aber, es vergeht bald, und eine von euch wird Königin." Da ging die älteste in ihre Kammer und probierte den Pantoffel an.

Die Fußspitze kam hinein, aber die Ferse war zu groß, da nahm sie das Messer und schnitt sich ein Stück von der Ferse, bis sie den Fuß in den Pantoffel hineinzwängte. So ging sie heraus zu dem Prinzen, und wie der sah, daß sie den Pantoffel anhatte, sagte er: „Das ist die Braut", führte sie zum Wagen und wollte mit ihr fortfahren. Wie er aber ans Tor kam, saßen oben die Tauben und riefen:

„Rucke di guck, rucke di guck!
Blut ist im Schuck: (Schuh)
Der Schuck ist zu klein,
die rechte Braut sitzt noch daheim!"

Der Prinz bückte sich und sah auf den Pantoffel, da quoll das Blut heraus. Da merkte er, daß er betrogen war und führte die falsche Braut zurück. Die Mutter aber sagte zur zweiten Tochter: „Nimm du den Pantoffel, und wenn er dir zu kurz ist, so schneide lieber vorne an den Zehen ab." Da nahm sie den Pantoffel in ihre Kammer, und als der Fuß zu groß war, da biß sie die Zähne zusammen und schnitt ein großes Stück von den Zehen ab und drückte den Pantoffel geschwind an. Wie sie damit hervortrat, meinte er, das wäre die rechte und wollte mit ihr fortfahren. Als er aber an das Tor kam, riefen die Tauben wieder:

„Rucke di guck, rucke di guck!
Blut ist im Schuck:
Der Schuck ist zu klein,
die rechte Braut sitzt noch daheim!"

Der Prinz sah nieder, da waren die weißen Strümpfe der Braut rot gefärbt, und das Blut war hoch heraufgedrungen. Da brachte sie der Prinz der Mutter wieder und sagte: „Das ist auch nicht die rechte Braut; aber ist nicht noch eine Tochter im Haus?" – „Nein", sagte die Mutter, „nur ein garstiges Aschenputtel ist noch da, das sitzt unten in der Asche, dem kann der Pantoffel nicht passen." Sie wollte es auch nicht rufen lassen, bis es der Prinz durchaus verlangte. Da ward Aschenputtel gerufen, und wie es hörte, daß der Prinz da sei, wusch es sich geschwind Gesicht und Hände frisch und rein; und wie es in die Stube trat, neigte es sich, der Prinz aber reichte ihm den goldenen Pantoffel und sagte: „Probier ihn an! Und wenn er dir paßt, wirst du meine Gemahlin." Da streifte es den schweren Schuh von dem linken Fuß ab, setzte ihn auf den goldenen Pantoffel und drückte ein klein wenig und es stand darin, als wär er ihm angegossen. Und als es sich aufrichtete, sah ihm der Prinz ins Gesicht, da erkannte er die schöne Prinzessin wieder und rief: „Das ist die rechte Braut."

Die Stiefmutter und die zwei stolzen Schwestern erschraken und wurden bleich, aber der Prinz führte Aschenputtel fort und hob es in den Wagen, und als sie durchs Tor fuhren, da riefen die Tauben:

„Rucke di guck, rucke di guck!
Kein Blut ist im Schuck:
Der Schuck ist nicht zu klein,
die rechte Braut, die führt er heim!"

Die sieben Raben

Ein Mann hatte sieben Söhne und immer noch kein Töchterchen, so sehr er sich's auch wünschte; endlich gab ihm seine Frau wieder gute Hoffnung zu einem Kinde, und wie's zur Welt kam, war's auch ein Mädchen. Die Freude war groß, aber das Kind war schmächtig und klein und sollte wegen seiner Schwachheit die Nottaufe haben.

Der Vater schickte einen der Knaben eilends zur Quelle, Taufwasser zu holen, die anderen sechs liefen mit, und weil jeder der erste beim Schöpfen sein wollte, so fiel ihnen der Krug in den Brunnen.

Da standen sie und wußten nicht, was sie tun sollten, und keiner getraute sich heim.

Als sie nicht zurückkamen, ward der Vater ungeduldig und sprach: „Gewiß haben sie's wieder über einem Spiel vergessen, die gottlosen Jungen."

Es ward ihm angst, das Mädchen müßte ungetauft verscheiden, und im Ärger rief er: „Ich wollte, daß die Jungen alle zu Raben würden!" Kaum war das Wort ausgeredet, so hörte er ein Geschwirr über seinem Haupt in der Luft, blickte in die Höhe und sah sieben kohlschwarze Raben auf und davon fliegen.

Die Eltern konnten die Verwünschung nicht mehr zurücknehmen, und so traurig sie über den Verlust ihrer sieben Söhne waren, trösteten sie sich doch einigermaßen durch ihr liebes Töchterchen, das bald zu Kräften kam und mit jedem Tage schöner ward.

Es wußte lange Zeit nicht einmal, daß es Geschwister gehabt hatte, denn die Eltern hüteten sich, sie zu erwähnen, bis es eines Tages von ungefähr die Leute von sich sprechen hörte, das Mädchen wäre wohl schön, aber doch eigentlich schuld an dem Unglück seiner sieben Brüder.

Da ward es ganz betrübt, ging zu Vater und Mutter und fragte, ob es denn Brüder gehabt hätte und wo sie hingeraten wären. Nun durften die Eltern das Geheimnis nicht länger verschweigen, sagten jedoch, es sei so des Himmels Verhängnis und seine Geburt nur der unschuldige Anlaß gewesen.

Allein das Mädchen machte sich täglich ein Gewissen daraus und glaubte, es müßte seine Geschwister erlösen. Es hatte nicht Ruhe und Rast, bis es sich heimlich aufmachte und in die weite Welt ging, seine Brüder irgendwo aufzuspüren und zu befreien, es mochte kosten, was es wollte. Es nahm nichts mit sich als ein Ringlein von seinen Eltern zum Andenken, einen Laib Brot für den Hunger, ein Krüglein Wasser für den Durst und ein Stühlchen für die Müdigkeit. Nun ging es immer zu, weit, weit bis an der Welt Ende.

Da kam es zur Sonne, aber die war zu heiß und fürchterlich und fraß die kleinen Kinder. Eilig lief es weg und lief hin zu dem Mond, aber der war gar zu kalt und auch grausig und bös, und als er das Kind bemerkte, sprach er: „Ich rieche Menschenfleisch!"

Da machte es sich geschwind fort und kam zu den Sternen, die waren ihm freundlich und gut, und jeder saß auf seinem besondern Stühlchen. Der Morgenstern aber stand auf, gab ihm ein Hinkelbeinchen und sprach: „Wenn du das Beinchen nicht hast, kannst du den Glasberg nicht aufschließen, und in dem Glasberg, da sind deine Brüder."

Das Mädchen nahm das Beinchen, wickelte es wohl in ein Tüchlein und ging wieder fort, so lange, bis es an den Glasberg kam. Das Tor war verschlossen, und es wollte das Beinchen hervorholen; aber wie es das Tüchlein aufmachte, so war es leer, und es hatte das Geschenk der guten Sterne verloren. Was sollte es nun anfangen? Seine Brüder wollte es erretten und hatte keinen Schlüssel zum Glasberg.

Das gute Schwesterchen nahm ein Messer, schnitt sich ein kleines Fingerchen ab, steckte es in das Tor und schloß glücklich auf.

Als es hineingegangen war, kam ihm ein Zwerglein entgegen, das sprach: „Mein Kind was suchst du?"

„Ich suche meine Brüder, die sieben Raben", antwortete es.

Der Zwerg sprach: „Die Herren Raben sind nicht zu Haus, aber willst du hier so lang warten, bis sie kommen, so tritt ein."

Darauf trug das Zwerglein die Speise der Raben herein auf sieben Tellerchen und in sieben Becherchen, und von jedem Tellerchen aß das Schwesterchen ein Bröckchen, und aus jedem Becherchen trank es ein Schlückchen; in das letzte Becherchen aber ließ es das Ringlein fallen, das es mitgenommen hatte.

Auf einmal hörte es in der Luft ein Geschwirr und ein Geweh, da sprach das Zwerglein: „Jetzt kommen die Herren Raben heimgeflogen." Da kamen sie, wollten essen und trinken und suchten ihre Tellerchen und Becherchen. Da sprach einer nach dem andern: „Wer hat von meinem Tellerchen gegessen? Wer hat aus meinem Becherchen getrunken? Das ist eines Menschen Mund gewesen." Und wie der siebente auf den Grund des Bechers kam, rollte ihm das Ringlein entgegen. Da sah er es an und erkannte, daß es ein Ring von Vater und Mutter war, und sprach: „Gott gebe, unser Schwesterlein wäre da, so wären wir erlöst."

Wie das Mädchen, das hinter der Türe stand und lauschte, den Wunsch hörte, so trat es hervor, und da bekamen alle Raben die menschliche Gestalt wieder. Und sie herzten und küßten einander und zogen fröhlich heim.

Der Löwe
und der Frosch

Es waren ein König und eine Königin, die hatten einen Sohn und eine Tochter, die hatten sie herzlich lieb. Der Prinz ging oft auf die Jagd und blieb manchmal lange Zeit draußen im Wald.

Einmal aber kam er gar nicht wieder. Darüber weinte sich seine Schwester fast blind. Endlich, wie sie's nicht länger aushalten konnte, ging sie fort in den Wald und wollte ihren Bruder suchen. Als sie nun lange Wege gegangen war, konnte sie vor Müdigkeit nicht weiter, und wie sie sich umsah, da stand ein Löwe neben ihr. Der tat ganz freundlich und sah so gut aus. Da setzte sie sich auf seinen Rücken, und der Löwe trug sie fort. Als er nun ein gut Stück fortgelaufen war, kamen sie vor eine Höhle. Da trug sie der Löwe hinein, und sie fürchtete sich nicht und wollte auch nicht herabspringen, weil der Löwe so freundlich war.

Es ging durch die Höhle, die immer dunkler wurde und endlich ganz stockfinster, und als das ein Weilchen gedauert hatte, kamen sie wieder an das Tageslicht in einen wunderschönen Garten. Da war alles so frisch und glänzte in der Sonne, und mittendrin stand ein prächtiger Palast, und als sie ans Tor kamen, hielt der Löwe, und die Prinzessin stieg von seinem Rücken herunter.

Da fing der Löwe an zu sprechen und sagte: „In dem schönen Haus sollst du wohnen und mir dienen, und wenn du alles erfüllst, was ich fordere, so wirst du deinen Bruder wiedersehen."

Da diente die Prinzessin dem Löwen und gehorchte ihm in allen Stücken. Einmal ging sie in dem Garten spazieren. Darin war es so schön, und doch war sie traurig, weil sie so allein und von aller Welt verlassen war. Wie sie so auf und ab ging, ward sie einen Teich gewahr, und auf der Mitte des Teichs war eine kleine Insel mit einem Zelt. Da sah sie, daß unter dem Zelt ein grasgrüner Laubfrosch saß. Der hatte ein Rosenblatt auf dem Kopf statt einer Haube.

Der Frosch guckte sie an und sprach: „Warum bist du so traurig?" – „Ach", sagte sie, „warum sollte ich nicht traurig sein?" Und klagte ihm da recht ihre Not. Da sprach der Frosch ganz freundlich: „Wenn du was brauchst, so komm nur zu mir, so will ich dir mit Rat und Tat zur Hand gehen." – „Wie soll ich dir das aber vergelten?" – „Du brauchst mir nichts zu vergelten", sprach der Frosch, „bring mir nur alle Tage ein frisches Rosenblatt zur Haube."

Da ging nun die Prinzessin wieder zurück und war ein bißchen getröstet, und sooft der Löwe etwas verlangte, lief sie zum Teich. Da sprang der Frosch herüber und hinüber und hatte ihr bald herbeigeschafft, was sie brauchte.

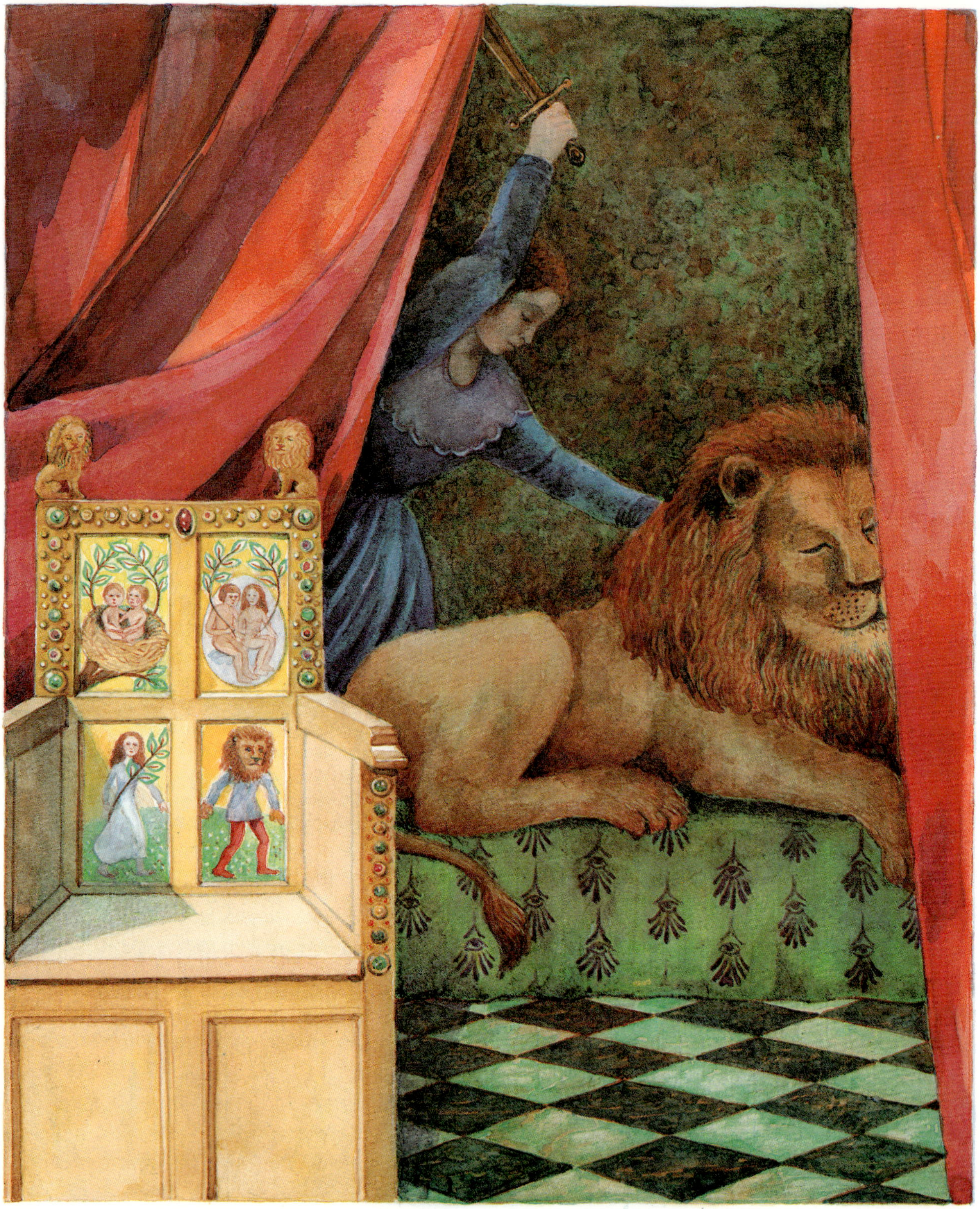

Auf eine Zeit sagte der Löwe: „Heut abend äß ich gern eine Mückenpastete, sie muß aber gut zubereitet sein." Da dachte die Prinzessin, wie soll ich die herbeischaffen, das ist mir ganz unmöglich, lief hinaus und klagte es ihrem Frosch. Der Frosch aber sprach: „Mach dir keine Sorgen, eine Mückenpastete will ich schon herbeischaffen."

Darauf setzte er sich hin, sperrte rechts und links das Maul auf, schnappte zu und fing Mücken, soviel er brauchte.

Darauf hüpfte er hin und her, trug Holzspäne zusammen und blies ein Feuer an. Wie's brannte, knetete er die Pastete und setzte sie über die Kohlen, und es währte keine zwei Stunden, so war sie fertig und so gut, als es einer nur wünschen konnte.

Da sprach er zu dem Mädchen: „Die Pastete kriegst du aber nicht eher, als bis du mir versprichst, dem Löwen, sobald er eingeschlafen ist, den Kopf abzuschlagen mit einem Schwert, das hinter seinem Lager verborgen ist."

„Nein", sagte sie, „das tue ich nicht, der Löwe ist doch immer gut gegen mich gewesen." Da sprach der Frosch: „Wenn du das nicht tust, wirst du nimmermehr deinen Bruder wiedersehen, und dem Löwen selber tust du auch kein Leid damit an." Da faßte sie Mut, nahm die Pastete und brachte sie dem Löwen.

„Die sieht ja recht gut aus", sagte der Löwe, schnupperte daran und biß gleich hinein, aß sie auch ganz auf.

Wie er nun fertig war, fühlte er eine Müdigkeit und wollte ein wenig schlafen; also sprach er zur Prinzessin: „Komm und setz dich neben mich und kraul mir ein bißchen hinter den Ohren, bis ich eingeschlafen bin." Da setzte sie sich neben ihn, kraulte ihn mit der Linken und suchte mit der Rechten nach dem Schwert, welches hinter seinem Bette lag.

Wie er nun eingeschlafen war, so zog sie es hervor, drückte die Augen zu und hieb mit einem Streich dem Löwen den Kopf ab. Wie sie aber wieder hinblickte, da war der Löwe verschwunden, und ihr lieber Bruder stand neben ihr. Der küßte sie herzlich und sprach: „Du hast mich erlöst, denn ich war der Löwe und war verwünscht, es so lang zu bleiben, bis eine Mädchenhand aus Liebe zu mir dem Löwen den Kopf abhauen würde."

Darauf gingen sie miteinander in den Garten und wollten dem Frosch danken. Als sie aber ankamen, sahen sie, wie er nach allen Seiten emsig hüpfte, kleine Späne zusammensuchte und ein Feuer anmachte. Wie es nun recht hell brannte, sprang der Frosch hinein, und als die Flammen ihn verzehrt hatten, stand da ein schönes Mädchen, das war auch verwünscht worden, und es wurde die Liebste des Prinzen. Da zogen sie miteinander heim zu dem alten König und der Frau Königin, und es wurde eine große Hochzeit gehalten, und wer dabei gewesen, der ist nicht hungrig nach Haus gegangen.

4

Das Glück suchen
und finden

Hansens Trine

Hansens Trine war faul und wollte nichts tun. Sie sprach zu sich selber: „Was tu ich? Eß ich oder schlaf ich oder arbeit ich? – Ach, ich will erst essen!"

Als sie sich dick satt gegessen hatte, sprach sie wieder: „Was tu ich? Arbeit ich oder schlaf ich? – Ach, ich will erst ein bißchen schlafen."

Dann legte sie sich hin und schlief, und als sie aufwachte, war es Nacht, da konnte sie nicht mehr zur Arbeit ausgehen.

Einmal kam der Hans nachmittags nach Haus und fand die Trine wieder in der Kammer liegen und schlafen, da nahm er sein Messer und schnitt ihr den Rock ab, bis an die Knie.

Trine wachte auf und dachte: nun willst du zur Arbeit gehn. Wie sie aber hinauskommt und sieht, daß der Rock so kurz ist, erschrickt sie, wird irr, ob sie auch wirklich die Trine ist, und spricht zu sich selber: „Bin ich's oder bin ich's nicht?"

Sie weiß aber nicht, was sie darauf antworten soll, und steht eine Zeitlang voller Zweifel da.

Endlich denkt sie: „Du willst nach Haus gehen und fragen, ob du's bist; die werden's schon wissen."

Also geht sie wieder zurück, klopft ans Fenster und ruft hinein: „Ist Hansens Trine drinnen?" Die anderen antworten, wie sie meinen: „Ja, die liegt in der Kammer und schläft." –

„Nun, dann bin ich's nicht", sagt Trine vergnügt, geht zum Dorf hinaus und kommt nicht wieder, und Hans war die Trine los.

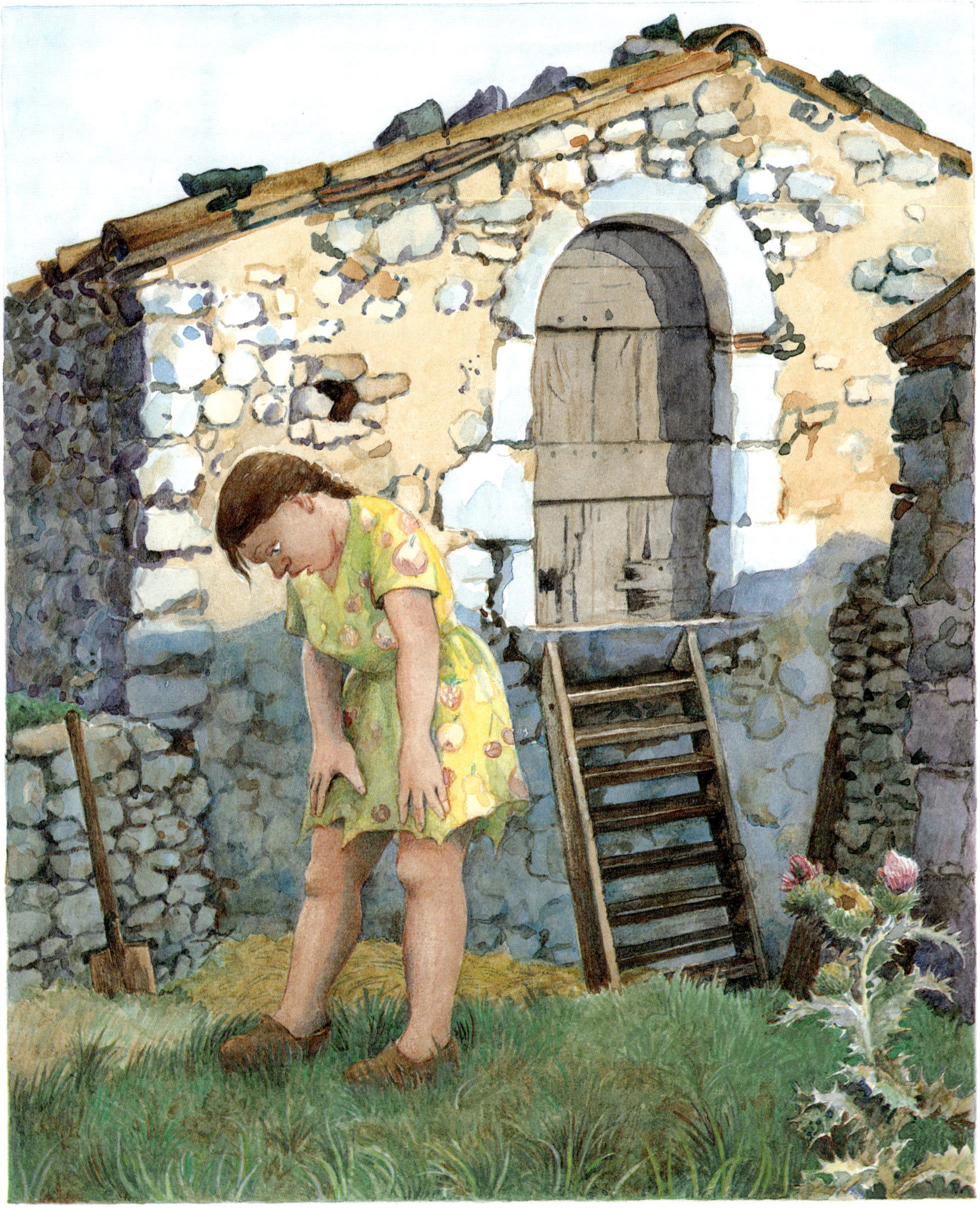

Der Eisenhans

Es war einmal ein König, der hatte einen großen Wald bei seinem Schloß, darin lief allerart Wild herum. Zu einer Zeit schickte er einen Jäger hinaus, der sollte ein Reh schießen, aber er kam nicht wieder. „Vielleicht ist ihm ein Unglück zugestoßen", sagte der König und schickte den folgenden Tag zwei andere Jäger hinaus, die sollten ihn aufsuchen, aber die blieben auch weg.

Da ließ er am dritten Tag alle seine Jäger kommen und sprach: „Streift durch den ganzen Wald und laßt nicht ab, bis ihr alle drei gefunden habt." Aber auch von diesen kam keiner wieder heim, und von der Meute Hunde, die sie mitgenommen hatten, ließ sich keiner wieder sehen.

Von der Zeit an wollte sich niemand mehr in den Wald wagen, und er lag da in tiefer Stille und Einsamkeit, und man sah nur zuweilen einen Adler oder Habicht darüber hinfliegen.

Das dauerte viele Jahre, da meldete sich ein fremder Jäger bei dem König, suchte eine Versorgung und erbot sich, in den gefährlichen Wald zu gehen. Der König aber wollte seine Einwilligung nicht geben und sprach: „Es ist nicht geheuer darin, ich fürchte, es geht dir nicht besser als den andern, und du kommst nicht wieder heraus." Der Jäger antwortete: „Herr, ich will's auf meine Gefahr wagen: von Furcht weiß ich nichts."

Der Jäger begab sich also mit seinem Hund in den Wald. Es dauerte nicht lange, so geriet der Hund einem Wild an die Fährte und wollte hinter ihm her: kaum aber war er ein paar Schritte gelaufen, so stand er vor einem tiefen Pfuhl, konnte nicht weiter, und ein nackter Arm streckte sich aus dem Wasser, packte ihn und zog hin hinab.

Als der Jäger das sah, ging er zurück und holte drei Männer, die mußten mit Eimern kommen und das Wasser ausschöpfen. Als sie auf den Grund sehen konnten, so lag da ein wilder Mann, der braun am Leib war wie rostiges Eisen und dem die Haare über das Gesicht bis zu den Knien herabhingen. Sie banden ihn mit Stricken und führten ihn fort in das Schloß.

Da war große Verwunderung über den wilden Mann, der König aber ließ ihn in einen eisernen Käfig auf seinen Hof setzen und verbot bei Lebensstrafe, die Türe des Käfigs zu öffnen, und die Königin mußte den Schlüssel selbst in Verwahrung nehmen. Von nun an konnte ein jeder wieder mit Sicherheit in den Wald gehen.

Der König hatte einen Sohn von acht Jahren, der spielte einmal auf dem Hof, und bei dem Spiel fiel ihm sein goldener Ball in den Käfig. Der Knabe lief hin und sprach: „Gib mir meinen Ball heraus." – „Nicht eher", antwortete der Mann, „als bis du mir die Türe aufgemacht hast." – „Nein", sagte der Knabe, „das tue ich nicht, das hat der König verboten", und lief fort.

Am anderen Tag kam er wieder und forderte seinen Ball; der wilde Mann sagte: „Öffne meine Türe", aber der Knabe wollte nicht. Am dritten Tag war der König auf die Jagd geritten, da kam der Knabe nochmals und sagte: „Wenn ich auch wollte, ich kann die Türe nicht öffnen, ich habe den Schlüssel nicht."

Da sprach der wilde Mann: „Er liegt unter dem Kopfkissen deiner Mutter, da kannst du ihn holen." Der Knabe, der seinen Ball wiederhaben wollte, schlug alles Bedenken in den Wind und brachte den Schlüssel herbei.

Die Türe ging schwer auf, und der Knabe klemmte sich den Finger. Als sie offen war, trat der wilde Mann heraus, gab ihm den goldenen Ball und eilte hinweg. Dem Knaben war angst geworden, er schrie und rief ihm nach: „Ach, wilder Mann, geh nicht fort, sonst bekomme ich Schläge."

Der wilde Mann kehrte um, hob ihn auf, setzte ihn auf seinen Nacken und ging mit schnellen Schritten in den Wald hinein.

Als der König heimkam, bemerkte er den leeren Käfig und fragte die Königin, wie das zugegangen wäre. Sie wußte nichts davon, suchte den Schlüssel, aber er war weg. Sie rief den Knaben, aber niemand antwortete. Der König schickte Leute aus, die ihn auf dem Felde suchen sollten, aber sie fanden ihn nicht. Da konnte er leicht erraten, was geschehen war, und es herrschte große Trauer an dem königlichen Hof.

Als der wilde Mann wieder in dem finstern Wald angelangt war, so setzte er den Knaben von den Schultern herab und sprach zu ihm: „Vater und Mutter siehst du nicht wieder, aber ich will dich bei mir behalten; denn du hast mich befreit, und ich habe Mitleid mit dir. Wenn du alles tust, was ich dir sage, so sollst du's gut haben. Schätze und Gold habe ich genug und mehr als jemand auf der Welt."

Er machte dem Knaben ein Lager von Moos, auf dem er einschlief, und am andern Morgen führte ihn der Mann zu einem Brunnen und sprach:

„Siehst du, der Goldbrunnen ist hell und klar wie ein Kristall: du sollst dabei sitzen und achthaben, daß nichts hineinfällt, sonst ist er verunehrt. Jeden Abend komme ich und sehe, ob du mein Gebot befolgt hast."

Der Knabe setzte sich an den Rand des Brunnens, sah, wie manchmal ein goldner Fisch, manchmal eine goldne Schlange sich darin zeigte und hatte acht, daß nichts hineinfiel.

Als er so saß, schmerzte ihn einmal der Finger so heftig, daß er ihn unwillkürlich in das Wasser steckte. Er zog ihn schnell wieder heraus, sah aber, daß er ganz vergoldet war, und wie große Mühe er sich gab, das Gold wieder abzuwischen, es war alles vergeblich.

Abends kam der Eisenhans zurück, sah den Knaben an und sprach: „Was ist mit dem Brunnen geschehen?" – „Nichts, nichts", antwortete er und hielt den Finger auf den Rücken, daß er ihn nicht sehen sollte. Aber der Mann sagte: „Du hast den Finger in das Wasser getaucht: diesmal mag's hingehen, aber hüte dich, daß du nicht wieder etwas hineinfallen läßt."

Am frühesten Morgen saß er schon bei dem Brunnen und bewachte ihn. Der Finger tat ihm wieder weh, und er fuhr damit über seinen Kopf, da fiel unglücklicher Weise ein Haar herab in den Brunnen. Er nahm es schnell heraus, aber es war schon ganz vergoldet.

Der Eisenhans kam und wußte schon, was geschehen war. „Du hast ein Haar in den Brunnen fallen lassen", sagte er, „ich will dir's noch einmal nachsehen, aber wenn's zum drittenmal geschieht, so ist der Brunnen entehrt, und du kannst nicht länger bei mir bleiben."

Am dritten Tag saß der Knabe am Brunnen und bewegte den Finger nicht, wenn er ihm noch so weh tat. Aber die Zeit ward ihm lang, und er betrachtete sein Angesicht, das auf dem Wasserspiegel stand. Und als er sich dabei immer mehr beugte und sich recht in die Augen sehen wollte, so fielen ihm seine langen Haare von den Schultern herab in das Wasser. Er richtete sich schnell in die Höhe, aber das ganze Haupthaar war schon vergoldet und glänzte wie eine Sonne.

Ihr könnt denken, wie der arme Knabe erschrak. Er nahm sein Taschentuch und band es um den Kopf, damit es der Mann nicht sehen sollte. Als er kam, wußte er schon alles und sprach: „Binde das Tuch auf."

Da quollen die goldenen Haare hervor, und der Knabe mochte sich entschuldigen, wie er wollte, es half ihm nichts. „Du hast die Probe nicht bestanden und kannst nicht länger hier bleiben. Geh hinaus in die Welt, da wirst du erfahren, wie die Armut tut. Aber weil du kein böses Herz hast und ich's gut mit dir meine, so will ich dir eins erlauben: wenn du in Not gerätst, so geh zu dem Wald und rufe: ‚Eisenhans', dann will ich kommen und dir helfen. Meine Macht ist groß, größer, als du denkst, und Gold und Silber habe ich im Überfluß."

Da verließ der Königssohn den Wald und ging über gebahnte und ungebahnte Wege immer zu, bis er zuletzt in eine große Stadt kam. Er suchte Arbeit, aber er konnte keine finden und hatte auch nichts erlernt, womit er sich hätte forthelfen können.

Endlich ging er in das Schloß und fragte, ob sie ihn behalten wollten. Die Hofleute wußten nicht, wozu sie ihn brauchen sollten, aber sie hatten Wohlgefallen an ihm und hießen ihn bleiben. Zuletzt nahm ihn der Koch in Dienst und sagte, er könnte

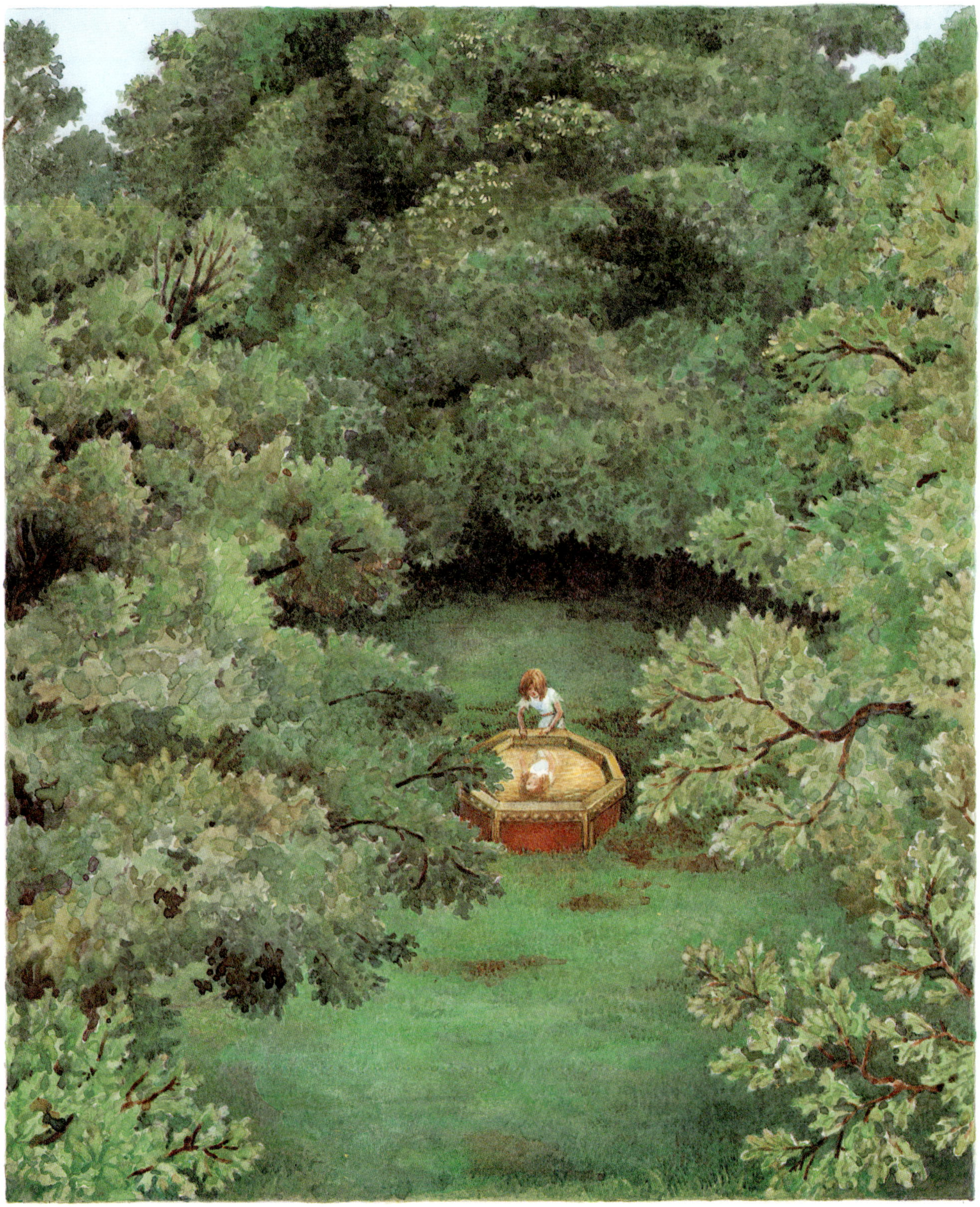

Holz und Wasser tragen und die Asche zusammenkehren.

Einmal, als gerade kein anderer zur Hand war, hieß ihn der Koch die Speisen zur königlichen Tafel tragen, da er aber seine goldenen Haare nicht wollte sehen lassen, so behielt er sein Hütchen auf.

Dem König war so etwas noch nicht vorgekommen, und er sprach: „Wenn du zur königlichen Tafel kommst, mußt du deinen Hut abziehen." – „Ach Herr", antwortete er, „ich kann nicht, ich habe einen bösen Grind auf dem Kopf."

Da ließ der König den Koch herbeirufen, schalt ihn und fragte, wie er einen solchen Jungen hätte in seinen Dienst nehmen können; er sollte ihn gleich fortjagen. Der Koch aber hatte Mitleid mit ihm und vertauschte ihn mit dem Gärtnerjungen.

Nun mußte der Junge im Garten pflanzen und begießen, hacken und graben und Wind und böses Wetter über sich ergehen lassen. Einmal im Sommer, als er allein im Garten arbeitete, war der Tag so heiß, daß er sein Hütchen abnahm und die Luft ihn kühlen sollte.

Wie die Sonne auf das Haar schien, glitzte und blitzte es, daß die Strahlen in das Schlafzimmer der Königstochter fielen und sie aufsprang, um zu sehen, was das wäre.

Da erblickte sie den Jungen und rief ihn an: „Junge, bring mir einen Blumenstrauß." Er setzte in aller Eile sein Hütchen auf, brach wilde Feldblumen ab und band sie zusammen.

Als er damit die Treppe hinaufstieg, begegnete ihm der Gärtner und sprach: „Wie kannst du der Königstochter einen Strauß von schlechten Blumen bringen? Geschwind hole andere und suche die schönsten und seltensten aus."

„Ach nein", antwortete der Junge, „die wilden riechen viel kräftiger und werden ihr besser gefallen."

Als er in ihr Zimmer kam, sprach die Königstochter: „Nimm dein Hütchen ab, es ziemt sich nicht, daß du ihn vor mir aufbehältst." Er antwortete wieder: „Ich darf nicht, ich habe einen grindigen Kopf."

Sie griff aber nach dem Hütchen und zog es ab, da rollten seine goldenen Haare auf die Schultern herab, daß es prächtig anzusehen war.

Er wollte fortspringen, aber sie hielt ihn am Arm und gab ihm eine Handvoll Dukaten. Er ging damit fort, achtete aber des Goldes nicht, sondern er brachte es dem Gärtner und sprach: „Ich schenke es deinen Kindern, die können damit spielen."

Den andern Tag rief ihm die Königstochter abermals zu, er sollte ihr einen Strauß Feldblumen bringen, und als er damit eintrat, grapste sie gleich nach seinem Hütchen und wollte es ihm wegnehmen, aber er hielt es mit beiden Händen fest.

Sie gab ihm wieder eine Handvoll Dukaten, aber er wollte sie nicht behalten und gab sie dem Gärtner zum Spielwerk für seine Kinder. Den dritten Tag ging's nicht anders, sie konnte ihm sein Hütchen nicht wegnehmen, und er wollte ihr Gold nicht.

Nicht lange danach ward das Land mit Krieg überzogen. Der König sammelte sein Volk und wußte nicht, ob er dem Feind, der übermächtig war und ein großes Heer hatte, Widerstand leisten könnte.

Da sagte der Gärtnerjunge: „Ich bin herangewachsen und will mit in den Krieg ziehen, gebt mir nur ein Pferd." Die anderen lachten und sprachen: „Wenn wir fort sind, so suche dir eins: wir wollen dir eins im Stall zurücklassen."

Als sie ausgezogen waren, ging er in den Stall und zog das Pferd heraus; es war an einem Fuß lahm und hickelte hunkepuus, hunkepuus. Dennoch setzte er sich auf und ritt fort nach dem dunklen Wald.

Als er an den Rand desselben gekommen war, rief er dreimal: „Eisenhans!" so laut, daß es durch die Bäume schallte. Gleich darauf erschien der wilde Mann und sprach: „Was verlangst du?"

„Ich verlange ein starkes Roß; denn ich will in den Krieg ziehen."

„Das sollst du haben und noch mehr, als du verlangst." Dann ging der wilde Mann in den Wald zurück, und es dauerte nicht lange, so kam ein Stallknecht aus dem Wald und führte ein Roß herbei, das schnaubte aus den Nüstern und war kaum zu bändigen. Und hinterher folgte eine große Schar Kriegsvolk, ganz in Eisen gerüstet, und ihre Schwerter blitzten in der Sonne.

Der Jüngling übergab dem Stallknecht sein dreibeiniges Pferd, bestieg das andere und ritt vor der Schar her.

Als er sich dem Schlachtfeld näherte, war schon ein großer Teil von des Königs Leuten gefallen, und es fehlte nicht viel, so mußten die übrigen weichen.

Da jagte der Jüngling mit seiner eisernen Schar heran, fuhr wie ein Wetter über die Feinde und schlug alles nieder, was sich ihm widersetzte. Sie wollten fliehen, aber der Jüngling saß ihnen im Nacken und ließ nicht ab, bis kein Mann mehr übrig war.

Statt aber zu dem König zurückzukehren, führte er seine Schar auf Umwegen wieder zu dem Wald und rief den Eisenhans heraus. „Was verlangst du?" fragte der wilde Mann.

„Nimm dein Roß und deine Schar zurück und gib mir mein dreibeiniges Pferd."

Es geschah alles, was er verlangte, und er ritt auf seinem dreibeinigen Pferd heim.

Als der König wieder in sein Schloß kam, ging ihm seine Tochter entgegen und wünschte ihm Glück zu seinem Sieg. „Ich bin es nicht, der den Sieg davongetragen hat", sprach er, „sondern ein fremder Ritter, der mir mit seiner Schar zu Hilfe kam."

Die Tochter wollte wissen, wer der fremde Ritter wäre, aber der König wußte es nicht und sagte: „Er hat die Feinde verfolgt, und ich habe ihn nicht wiedergesehen."

Sie erkundigte sich bei dem Gärtner nach seinem Jungen: der lachte aber und sprach: „Eben ist er auf seinem dreibeinigen Pferd heimgekommen, und die andern haben gespottet und gerufen: ‚Da kommt unser Hunkepuus wieder an'. Sie fragten auch: ‚Hinter welcher Hecke hast du derweil gelegen und geschlafen?' Er sprach aber: ‚Ich habe das Beste getan, und ohne mich wäre es schlecht gegangen'. Da ward er noch mehr ausgelacht."

Der König sprach zu seiner Tochter: „Ich will ein großes Fest ansagen lassen, das drei Tage währen soll, und du sollst einen goldenen Apfel werfen: vielleicht kommt der Unbekannte herbei."

Als das Fest verkündet war, ging der Jüngling hinaus zu dem Wald und rief den Eisenhans. „Was verlangst du?" fragte er. „Daß ich den goldenen Apfel der Königstochter fange."

„Es ist so gut, als hättest du ihn schon", sagte Eisenhans, „du sollst auch eine rote Rüstung dazu haben und auf einem stolzen Fuchs reiten."

Als der Tag kam, sprengte der Jüngling heran, stellte sich unter die Ritter und ward von niemand erkannt. Die Königstochter trat hervor und warf den Rittern einen goldenen Apfel zu, aber keiner fing ihn als er allein, aber sobald er ihn hatte, jagte er davon.

Am zweiten Tag hatte ihn Eisenhans als weißen Ritter ausgerüstet und ihm einen Schimmel gegeben. Abermals fing er allein den Apfel, verweilte aber keinen Augenblick, sondern jagte damit fort. Der König ward bös und sprach: „Das ist nicht erlaubt, er muß vor mir erscheinen und seinen Namen nennen."

Er gab den Befehl, wenn der Ritter, der den Apfel gefangen habe, sich wieder davonmachte, so sollte man ihm nachsetzen und, wenn er nicht gutwillig zurückkehrte, auf ihn hauen und stechen.

Am dritten Tag erhielt er vom Eisenhans eine schwarze Rüstung und einen Rappen und fing auch wieder den Apfel. Als er aber damit fortjagte, verfolgten ihn die Leute des Königs, und einer kam ihm so nahe, daß er mit der Spitze des Schwerts ihm das Bein verwundete.

Er entkam ihnen jedoch, aber sein Pferd sprang so gewaltig, daß der Helm ihm vom Kopf fiel, und sie konnten sehen, daß er goldene Haare hatte. Sie ritten zurück und meldeten dem König alles.

Am andern Tag fragte die Königstochter den Gärtner nach seinem Jungen. „Er arbeitet im Garten: der wunderliche Kauz ist auch bei dem Fest gewesen und erst gestern abend wiedergekommen. Er hat auch meinen Kindern drei goldene Äpfel gezeigt, die er gewonnen hat."

Der König ließ ihn vor sich fordern, und er erschien und hatte wieder sein Hütchen auf dem Kopf. Aber die Königstochter ging auf ihn zu und nahm es ihm ab, und da fielen seine goldenen Haare über die Schultern, und es war so schön, daß alle staunten.

„Bist du der Ritter gewesen, der jeden Tag zu dem Fest gekommen ist, immer in einer andern Farbe, und der die drei goldenen Äpfel gefangen hat?" fragte der König.

„Ja", antwortete er, „und da sind die Äpfel", holte sie aus der Tasche und reichte sie dem König. „Wenn Ihr noch mehr Beweise verlangt, so könnt Ihr die Wunde sehen, die mir Eure Leute geschlagen haben, als sie mich verfolgten. Aber ich bin auch der Ritter, der Euch zum Sieg über die Feinde geholfen hat."

„Wenn du solche Taten verrichten kannst, so bist du kein Gärtnerjunge: sage mir, wer ist dein Vater?"

„Mein Vater ist ein mächtiger König, und Gold habe ich in Fülle, und soviel ich nur verlange."

„Ich sehe wohl", sprach der König, „ich bin dir Dank schuldig, kann ich dir etwas zu Gefallen tun?"

„Ja", antwortete er, „das könnt Ihr wohl, gebt mir Eure Tochter zur Frau." Da lachte die Jungfrau und sprach: „Der macht keine Umstände, aber ich habe schon an seinen goldenen Haaren gesehen, daß er kein Gärtnerjunge ist", ging dann hin und küßte ihn.

Zu der Vermählung kamen sein Vater und seine Mutter und waren in großer Freude; denn sie hatten schon alle Hoffnung aufgegeben, ihren lieben Sohn wiederzusehen. Und als sie an der Hochzeitstafel saßen, da schwieg auf einmal die Musik, die Türen gingen auf, und ein stolzer König trat herein mit großem Gefolge. Er ging auf den Jüngling zu, umarmte ihn und sprach: „Ich bin der Eisenhans und war in einen wilden Mann verwünscht, aber du hast mich erlöst. Alle Schätze, die ich besitze, die sollen dein Eigentum sein."

Der Froschkönig

Es war einmal eine Königstochter, die ging hinaus in den Wald und setzte sich an einen kühlen Brunnen. Sie hatte eine goldene Kugel, die war ihr liebstes Spielwerk, die warf sie in die Höhe und fing sie wieder in der Luft und hatte ihre Lust daran.

Einmal war die Kugel gar hoch geflogen, sie hatte die Hand schon ausgestreckt und die Finger gekrümmt, um sie wieder zu fangen, da schlug sie neben vorbei auf die Erde, rollte und rollte und geradezu in das Wasser hinein.

Die Königstochter blickte ihr erschrocken nach, der Brunnen war aber so tief, daß kein Grund zu sehen war. Da fing sie an, jämmerlich zu weinen und zu klagen: „Ach! Wenn ich meine Kugel wieder hätte, da wollt ich alles darum geben, meine Kleider, meine Edelsteine, meine Perlen und was es auf der Welt nur wär."

Wie sie so klagte, steckte ein Frosch seinen Kopf aus dem Wasser und sprach: „Königstochter, was jammerst du so erbärmlich?" – „Ach", sagte sie, „du garstiger Frosch, was kannst du mir helfen! Meine goldene Kugel ist mir in den Brunnen gefallen." Der Frosch sprach: „Deine Perlen, deine Edelgesteine und deine Kleider, die verlang ich nicht, aber wenn du mich zum Gesellen annehmen willst, und ich soll neben dir sitzen und von deinem goldenen Tellerlein essen und in deinem Bettlein schlafen, und du willst mich wert und lieb haben, so will ich dir deine Kugel wiederbringen." Die Königstochter dachte, was schwätzt der einfältige Frosch wohl, der muß doch in seinem Wasser bleiben, vielleicht aber kann er mir meine Kugel holen, da will ich nur ja sagen, und sagte: „Ja meinetwegen, schaff mir nur erst die goldene Kugel wieder, es soll dir alles versprochen sein."

Der Frosch steckte seinen Kopf unter das Wasser und tauchte hinab, es dauerte auch nicht lange, so kam er wieder in die Höhe, hatte die Kugel im Maul und warf sie ans Land. Wie die Königstochter ihre Kugel wieder erblickte, lief sie geschwind darauf zu, hob sie auf und war so froh, sie wieder in ihrer Hand zu halten, daß sie an nichts weiter dachte, sondern damit nach Hause eilte. Der Frosch rief ihr nach: „Warte, Königstochter, und nimm mich mit, wie du es versprochen hast." Aber sie hörte nicht darauf.

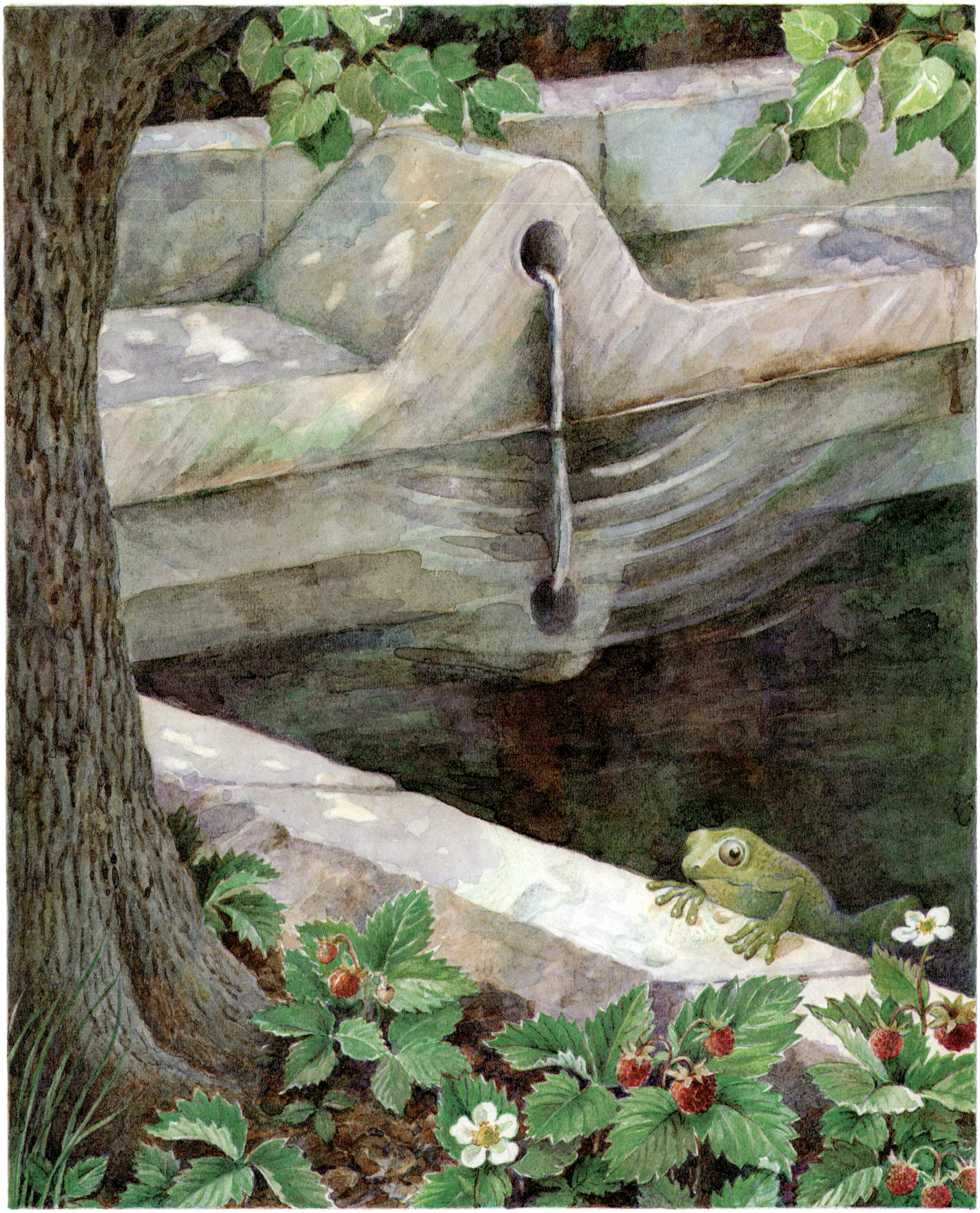

Am anderen Tage saß die Königstochter an der Tafel, da hörte sie etwas die Marmortreppe heraufkommen, plitsch, platsch! Plitsch, platsch! Bald darauf klopfte es auch an der Türe und rief: „Königstochter, jüngste, mach mir auf!" Sie lief hin und machte die Türe auf, da war es der Frosch, an den sie nicht mehr gedacht hatte. Ganz erschrocken warf sie die Türe hastig zu und setzte sich wieder an die Tafel.

Der König aber sah, daß ihr das Herz klopfte und sagte: „Warum fürchtest du dich?"

„Draußen ist ein garstiger Frosch", sagte sie, „der hat mir meine goldene Kugel aus dem Wasser geholt. Ich versprach ihm dafür, er solle mein Geselle werden, ich glaubte aber nimmermehr, daß er aus seinem Wasser herauskönnte. Nun ist er draußen vor der Tür und will herein." Indem klopfte es zum zweiten Mal und rief:

„Königstochter, jüngste,
mach mir auf,
weißt du nicht, was gestern
du zu mir gesagt
bei dem kühlen Brunnenwasser?
Königstochter, jüngste,
mach mir auf."

Der König sagte: „Was du versprochen hast, mußt du halten, geh und mach dem Frosch die Türe auf."

Sie gehorchte, und der Frosch hüpfte herein, und ihr auf dem Fuße immer nach bis zu ihrem Stuhl, und als sie sich wieder gesetzt hatte, da rief er:

„Heb mich herauf auf einen Stuhl neben dich."

Die Königstochter wollte nicht, aber der König befahl es ihr. Wie der Frosch oben war, sprach er:

„Nun schieb mir dein goldenes Tellerlein näher, ich will mit dir davon essen." Das mußte sie auch tun.

Wie er sich satt gegessen hatte, sagte er: „Nun bin ich müd und will schlafen, bring mich hinauf in dein Kämmerlein, mach dein Bettlein zurecht, da wollen wir uns hineinlegen."

Die Königstochter erschrak, als sie das hörte, sie fürchtete sich vor dem kalten Frosch, sie getraute sich nicht ihn anzurühren, und nun sollte er bei ihr in ihrem Bett liegen! Sie fing an zu weinen und wollte durchaus nicht. Da ward der König zornig und befahl ihr bei seiner Ungnade, zu tun, was sie versprochen habe.

Es half nichts, sie mußte tun, wie ihr Vater wollte, aber sie war bitterböse in ihrem Herzen. Sie packte den Frosch mit zwei Fingern und trug ihn hinauf in ihre Kammer, legte sich ins Bett und statt ihn neben sich zu legen, warf sie ihn bratsch! an die Wand. „Da, nun wirst du mich in Ruh lassen, du garstiger Frosch!"

Aber der Frosch fiel nicht tot herunter, sondern wie er herab auf das Bett kam, da war's ein schöner, junger Prinz. Der war nun ihr lieber Geselle, und sie hielt ihn wert wie sie versprochen hatte, und sie schliefen vergnügt zusammen ein. Am Morgen aber kam ein prächtiger Wagen mit acht Pferden bespannt, mit Federn geputzt und goldschimmernd. Dabei war der treue Heinrich des Prinzen, der hatte sich so betrübt über seine Verwandlung, daß er drei eiserne Bande um sein Herz legen mußte, damit es vor Traurigkeit nicht zerspringe.

Der Prinz setzte sich mit der Königstochter in den Wagen, der treue Diener aber stand hinten auf, so wollten sie in sein Reich fahren.

Und wie sie ein Stück Weges gefahren waren, hörte der Prinz hinter sich ein lautes Krachen, da drehte er sich um und rief:

„Heinrich, der Wagen bricht!"
„Nein, Herr, der Wagen nicht,
es ist ein Band von meinem Herzen,
das da lag in großen Schmerzen,
als ihr in dem Brunnen saßt,
als ihr eine Fretsche wast." (Frosch wart)
Noch einmal und noch einmal hörte es der Prinz krachen und meinte, der Wagen bräche, aber es waren nur die Bande, die vom Herzen des treuen Heinrich absprangen, weil sein Herr erlöst und glücklich war.

Von dem Sommer- und dem Wintergarten

Ein Kaufmann wollte auf die Messe gehen, da fragte er seine drei Töchter, was er ihnen mitbringen sollte. Die älteste sprach: „Ein schönes Kleid"; die zweite: „Ein Paar schöne Schuhe"; die dritte: „Eine Rose". Aber die Rose zu beschaffen war etwas Schweres, weil es mitten im Winter war. Doch weil die jüngste die schönste war und sie eine große Freude an den Blumen hatte, sagte der Vater, er wolle zusehen, ob er sie bekommen könne und sich rechte Mühe darum geben.

Als der Kaufmann wieder auf der Rückreise war, hatte er ein prächtiges Kleid für die älteste, ein Paar schöne Schuhe für die zweite, aber die Rose für die dritte hatte er nicht bekommen können.

Wenn er in einen Garten gegangen war und nach Rosen fragte, hatten die Leute ihn ausgelacht: „Ob er denn glaube, daß die Rosen im Schnee wüchsen."

Das war ihm aber gar leid, und wie er darüber sann, ob er gar nichts für sein liebes Kind mitbringen könne, kam er vor ein Schloß, und dabei war ein Garten, in dem war es halb Sommer und halb Winter. Auf der einen Seite blühten die schönsten Blumen groß und klein, und auf der anderen war alles kahl und lag ein tiefer Schnee.

Der Mann stieg vom Pferd herab, und wie er eine ganze Hecke voll Rosen auf der Sommerseite erblickte, war er froh, ging hinzu und brach eine ab. Dann ritt er wieder fort.

Er war schon ein Stück Wegs geritten, da hörte er etwas hinter sich herlaufen und schnaufen. Er drehte sich um und sah ein großes schwarzes Tier, das rief: „Du gibst mir meine Rose wieder, oder ich mach dich tot. Du gibst mir meine Rose wieder, oder ich mach dich tot!" Da sprach der Mann: „Ich bitt dich, laß mir die Rose, ich soll sie meiner Tochter mitbringen, die ist die Schönste auf der Welt."

„Meinetwegen, aber gib mir die schöne Tochter dafür als Frau!"

Der Mann, um das Tier loszuwerden, sagte ja und dachte, es wird doch nicht kommen und sie fordern. Das Tier aber rief noch hinter ihm drein:

„In acht Tagen komm ich und hol meine Braut!"

Der Kaufmann brachte nun einer jeden Tochter mit, was sie gewünscht hatte. Sie

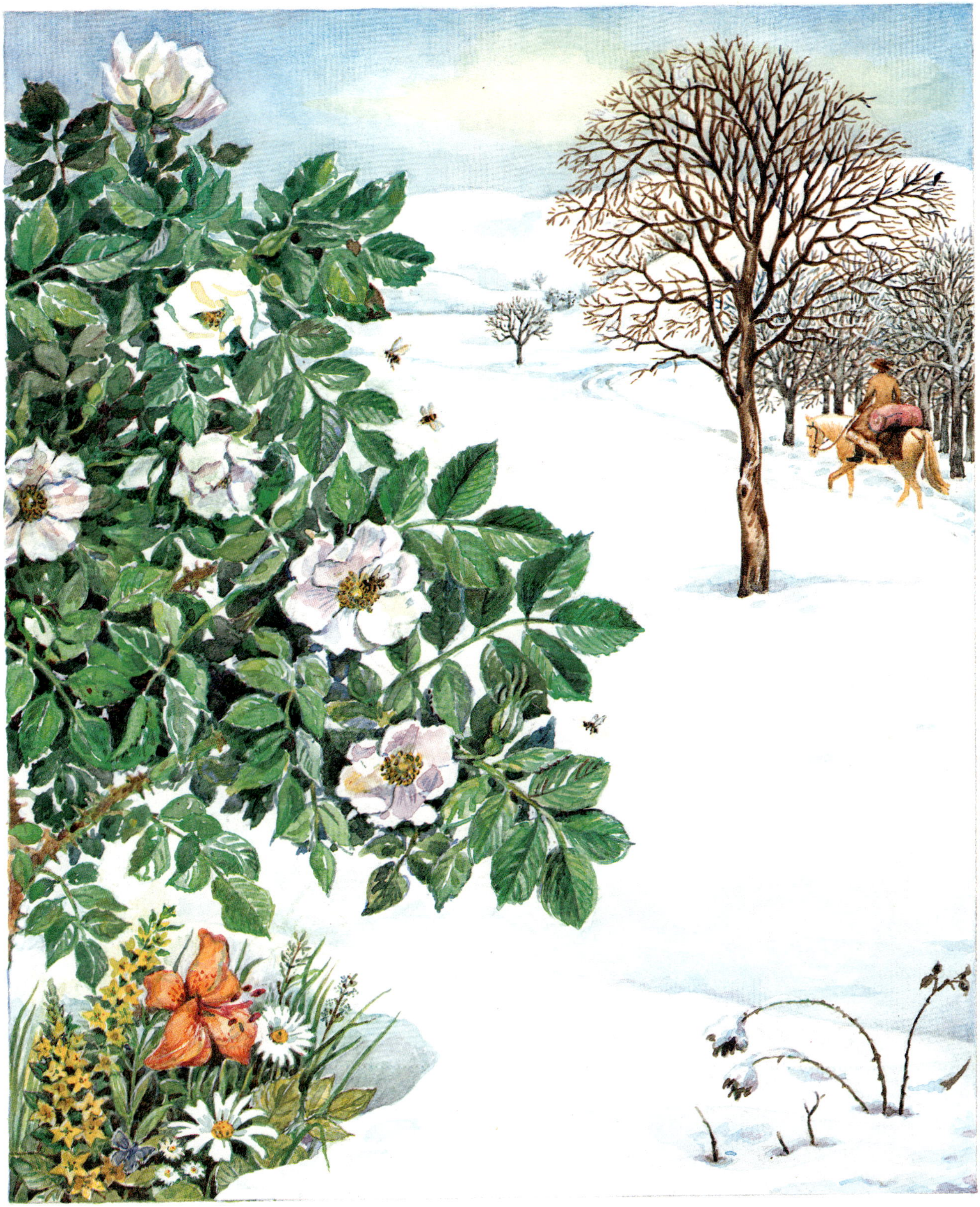

freuten sich auch alle sehr darüber, am meisten aber die jüngste über die Rose.

Nach acht Tagen saßen die drei Schwestern beisammen am Tisch, da kam etwas mit schwerem Gang die Treppe herauf und an die Türe und rief: „Macht auf! Macht auf!" Da machten sie auf, aber sie erschraken recht, als ein großes schwarzes Tier hereintrat.

„Weil meine Braut nicht gekommen und die Zeit herum ist, will ich mir sie selber holen." Damit ging es auf die jüngste Tochter zu und packte sie an.

Sie fing an zu schreien, das half aber alles nichts, sie mußte mit fort, und als der Vater nach Haus kam, war sein liebstes Kind geraubt.

Das schwarze Tier aber trug die schöne Jungfrau in sein Schloß. Da wars gar wunderbar und schön, und Musikanten waren darin, die spielten auf, und unten war der Garten halb Sommer, halb Winter.

Das Tier tat ihr alles zuliebe, was es ihr nur an den Augen absehen konnte. Sie aßen zusammen, und sie mußte ihm aufschöpfen, sonst wollte es nicht essen. Da ward sie dem Tier hold, und endlich hatte sie es recht lieb.

Einmal sagte sie zu ihm: „Mir ist so angst, ich weiß nicht recht warum, aber mir ist, als wär mein Vater krank oder eine von meinen Schwestern, könnte ich sie nur ein einziges Mal sehen!"

Da führte sie das Tier zu einem Spiegel und sagte: „Da schau hinein." Und wie sie hineinschaute, war es ihr, als wäre sie zu Haus. Sie sah ihre Stube und ihren Vater, der wirklich krank war, aus Herzeleid, weil er sich Schuld gab, daß sein liebstes Kind von einem wilden Tier geraubt und gar von ihm aufgefressen sei.

Hätte er gewußt, wie gut es ihm ging, so hätte er sich nicht betrübt. Auch ihre zwei Schwestern sah sie am Bett sitzen und weinen.

Von dem allen war ihr Herz ganz schwer, und sie bat das Tier, es solle sie nur ein paar Tage wieder heimgehen lassen. Das Tier wollte lange nicht. Endlich aber, wie sie so jammerte, hatte es Mitleid mit ihr und sagte: „Geh hin zu deinem Vater, aber versprich mir, daß du in acht Tagen wieder zurück sein willst."

Sie versprach es ihm, und als sie fortging, rief es noch: „Bleib aber ja nicht länger als acht Tage aus."

Als sie heimkam, freute sich der Vater, daß er sie noch einmal sähe, aber die Krankheit und das Leid hatten schon zu sehr an seinem Herzen gefressen, so daß er nicht wieder gesund werden konnte, und nach ein paar Tagen starb er. Da konnte sie an nichts anderes denken vor Traurigkeit.

Hernach ward der Vater begraben, und die Schwestern weinten zusammen und trösteten sich. Und als sie endlich wieder an ihr liebes Tier dachte, da waren schon längst die acht Tage herum. Da ward ihr recht angst, und es war ihr, als sei das auch krank. Und sie machte sich gleich auf und ging wieder hin zu seinem Schloß.

Als sie aber wieder ankam, war's ganz still und traurig darin; die Musikanten spielten nicht, und alles war mit schwarzem Flor behangen. Der Garten aber war ganz Winter und mit Schnee bedeckt. Und sie suchte das Tier, aber es war fort. Und sie suchte allerorten, aber sie konnte es nicht finden. Da war sie doppelt betrübt und wußte sich nicht zu trösten.

Als sie wieder einmal traurig im Garten suchte, sah sie einen Haufen Kohlhäupter, die waren oben schon alt und faul. Sie drehte ein paar herum und sah ihr liebes Tier, das wie tot darunter lag. Geschwind holte sie Wasser und begoß es unaufhörlich damit. Da sprang es auf und war auf einmal verwandelt und ein schöner Prinz.

Da ward Hochzeit gehalten, die Musikanten spielten wieder, die Sommerseite im Garten kam prächtig hervor, der schwarze Flor ward abgerissen, und sie lebten vergnügt miteinander immerdar.

Prinz Schwan

Es war einmal ein Mädchen mitten in einem großen Wald, da kam ein Schwan mit einem Knäuel Garn und sprach zu ihm: „Ich bin kein Schwan, sondern ein verzauberter Prinz, aber du kannst mich erlösen, wenn du den Knäuel Garn abwickelst, an dem ich fortfliege. Doch hüte dich, daß du den Faden nicht zerreißt, sonst komme ich nicht bis in mein Königreich und werde nicht erlöst; wickelst du aber den Knäuel ganz ab, dann bist du meine Braut."

Das Mädchen nahm den Knäuel, und der Schwan stieg auf in die Luft, und das Garn wickelte sich leicht ab. Es wickelte und wickelte den ganzen Tag, und am Abend war schon das Ende des Fadens zu sehen; da blieb es unglücklicherweise an einem Dornstrauch hängen und riß ab.

Das Mädchen war sehr betrübt und weinte. Es wollte auch Nacht werden, und der Wind ging so laut in dem Wald, daß ihm angst ward und es anfing zu laufen, was es nur konnte. Und als es lange gelaufen war, sah es ein kleines Licht, darauf eilte es zu und fand ein Haus und klopfte an.

Ein altes Mütterchen kam heraus, das verwunderte sich, wie es sah, daß ein Mädchen vor der Türe war: „Ei, mein Kind, wo kommst du so spät her?"

„Gebt mir doch heut nacht eine Herberge", sprach es, „ich habe mich in dem Wald verirrt; auch ein wenig Brot zu essen."

„Das ist ein schweres Ding", sagte die Alte, „ich gäbe dir's gern, aber mein Mann ist ein Menschenfresser, wenn der dich findet, so frißt er dich auf, da ist keine Gnade; doch, wenn du draußen bleibst, fressen dich die wilden Tiere. Ich will sehen, ob ich dir durchhelfen kann."

Da ließ sie das Mädchen herein, gab ihm ein wenig Brot zu essen und versteckte es dann unter dem Bett.

Der Menschenfresser aber kam allemal vor Mitternacht, wenn die Sonne ganz untergegangen war, nach Haus und ging morgens, vor Sonnenaufgang, wieder fort. Es dauerte nicht lang, so kam er herein:

„Ich wittre, wittre Menschenfleisch", sprach er und suchte in der Stube. Endlich griff er auch unter das Bett und zog das Mädchen hervor: „Das ist noch ein guter Bissen!"

Die Frau aber bat und bat, bis er versprach, es die Nacht über noch leben zu lassen.

Vor Sonnenaufgang aber weckte die Alte das Mädchen: „Eil dich, daß du fortkommst, eh mein Mann aufwacht. Da schenk ich dir ein golden Spinnrädchen, das halt in Ehren: Ich heiße Sonne!"

Das Mädchen ging fort und kam abends an ein Haus, da war alles wie am vorigen Abend! Und die zweite Alte gab ihm beim Abschied eine goldene Spindel und sprach: „Ich heiße Mond."

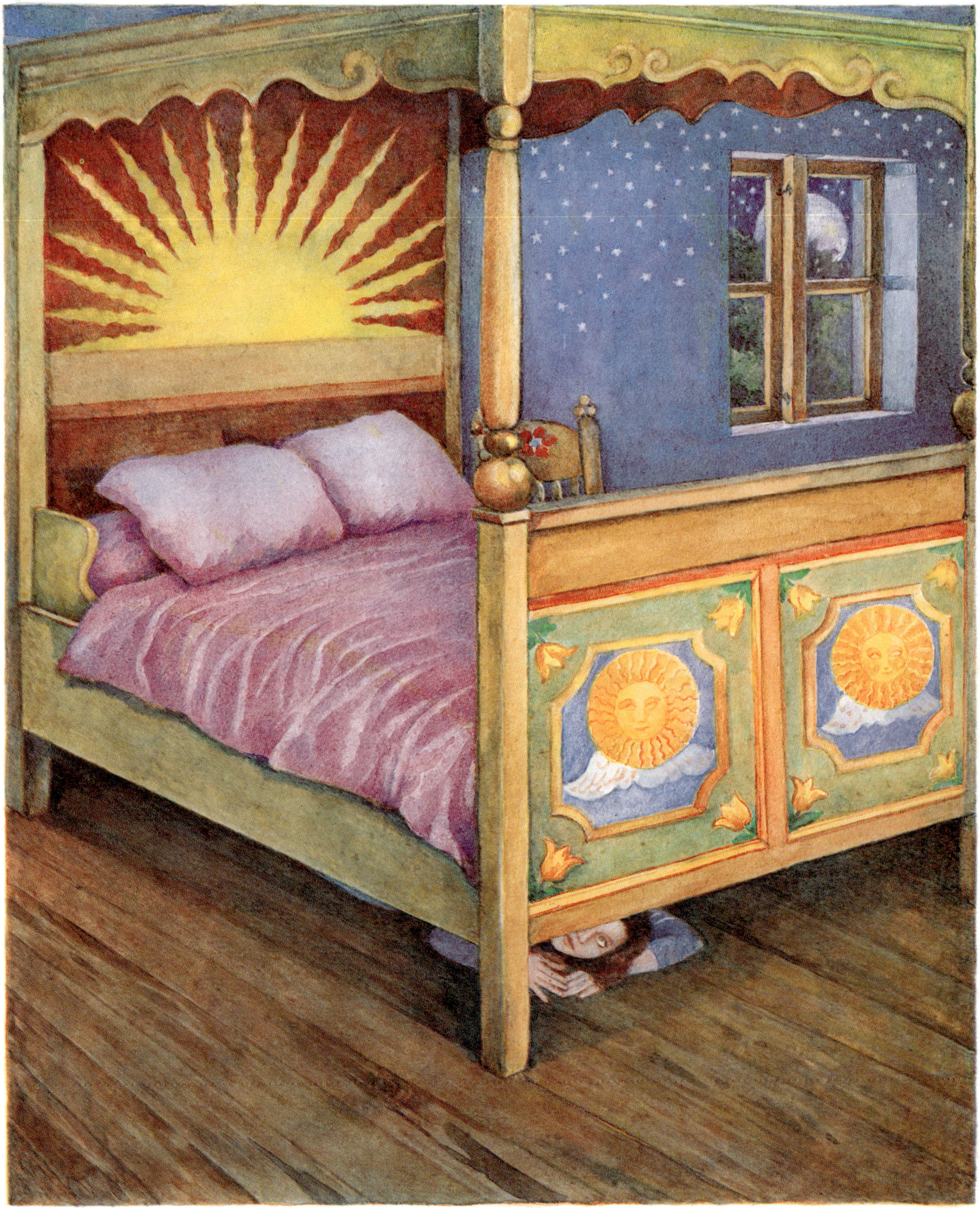

Und am dritten Abend kam es an ein drittes Haus, da schenkte ihm die Alte einen goldenen Haspel und sagte: „Ich heiße Stern! Dein Prinz Schwan aber konnte in sein Reich gelangen, obwohl der Faden noch nicht ganz abgewickelt war. Dort ist er König und hat sich schon verheiratet und wohnt in großer Herrlichkeit auf dem Glasberg; du wirst heute abend hinkommen, aber ein Drache und ein Löwe liegen davor und bewahren ihn; darum nimm dieses Brot und den Speck und besänftige sie damit."

So geschah es auch: Das Mädchen warf den Ungeheuern das Brot und den Speck in den Rachen. Da ließen sie es durch, und es kam bis an das Schloßtor, aber in das Schloß selber konnte es nicht hinein. Da setzte es sich vor das Tor und fing an, auf seinem goldenen Rädchen zu spinnen.

Die Königin sah von oben zu, ihr gefiel das schöne Rädchen, und sie kam herunter und wollte es haben.

Das Mädchen sagte, sie solle es haben, wenn sie erlauben wollte, daß es eine Nacht neben dem Schlafzimmer des Königs zubrächte.

Die Königin sagte es zu, und das Mädchen ward hinaufgeführt; was aber in der Stube gesprochen wurde, das konnte man alles in dem Schlafzimmer hören. Wie es nun Nacht ward und der König im Bette lag, sang es:

„Denkt der König Schwan
noch an seine versprochene Braut Julian'?
Die ist gegangen durch Sonne, Mond und Stern,
durch Löwen und durch Drachen:
will der König Schwan denn gar nicht erwachen?"

Aber der König hörte es nicht, denn die listige Königin hatte sich vor dem Mädchen gefürchtet und ihm einen Schlaftrunk gegeben. Da schlief er so fest und hätte das Mädchen nicht gehört, wenn es vor ihm gestanden wäre.

Am Morgen war alles verloren, und es mußte wieder vor das Tor. Da setzte es sich hin und spann mit seiner Spindel. Die gefiel der Königin auch, und es gab sie unter derselben Bedingung weg, daß es eine Nacht neben des Königs Schlafzimmer zubringen dürfe. Da sang es wieder:

„Denkt der König Schwan
noch an seine versprochene Braut Julian'?
Die ist gegangen durch Sonne, Mond und Stern,
durch Löwen und durch Drachen:
will der König Schwan denn gar nicht erwachen?"

Der König aber schlief wieder fest von einem Schlaftrunk, und so hatte das Mädchen auch seine Spindel verloren.

Da setzte es sich am dritten Morgen mit

seinem goldenen Haspel vor das Tor und haspelte. Die Königin wollte auch diese Kostbarkeit haben und versprach dem Mädchen, es sollte dafür noch eine Nacht neben dem Schlafzimmer bleiben. Das Mädchen aber hatte den Betrug gemerkt und bat den Diener des Königs, er möge diesem heute abend etwas anderes zu trinken geben.

Und es sang noch einmal:

„Denkt der König Schwan
noch an seine versprochene Braut Julian'?
Die ist gegangen durch Sonne, Mond und Stern,
durch Löwen und durch Drachen:
will der König Schwan denn gar nicht erwachen?"

Da erwachte der König; wie er die Stimme hörte, erkannte er sie und fragte die Königin: „Wenn man einen Schlüssel verloren hat und ihn wiederfindet, behält man dann den alten oder den neugemachten?" Die Königin sagte: „Ganz gewiß den alten."
„Nun, dann kannst du meine Gemahlin nicht länger sein, ich habe meine erste Braut wiedergefunden."

Da mußte am anderen Morgen die Königin zu ihrem Vater wieder heimgehen, und der König vermählte sich mit seiner rechten Braut; und sie lebten so lang vergnügt, bis sie gestorben sind.

Die Prinzessin auf dem Baum

Es war einmal ein armer Junge, der mußte tagaus, tagein die Schweine in den Wald treiben, daß sie bei Bucheckern und Eichelmast fett würden. Dabei war er nach und nach achtzehn Jahre alt geworden.

Eines Tages trieb er seine Schweine tiefer in den Wald als er gewöhnlich zu tun pflegte; da sah er plötzlich einen allmächtig hohen Baum vor sich, dessen Zweige sich in den Wolken verloren.

„Der Tausend, das ist aber ein Baum!" sagte der Junge bei sich. „Wie mag es wohl sein, wenn du dir von seinem Wipfel aus die Welt beschaust!"

Gedacht getan; er ließ seine Schweine im Boden wühlen und kletterte an dem Stamm empor. Er kletterte und kletterte, es wurde Mittag, die Sonne ging unter, aber noch immer war er nicht in das Geäst gekommen. Endlich, da es schon zu dunkeln begann, erreichte er einen armlangen Stutz, der in die freie Luft hinausragte. Daran band er sich mit der neuen Peitschenschnur, die er in der Tasche trug, fest, daß er nicht hinabstürzte und Hals und Bein bräche, und dann schlief er ein.

Am andern Morgen hatte er sich so weit erholt, daß er sich mit frischen Kräften wieder an die Arbeit machen konnte. Um die Mittagszeit langte er denn auch in dem Geäst an, und von dort ging das Steigen leichter, doch den Zopf erreichte er auch diesmal nicht; wohl aber kam er gegen Abend in einem großen Dorfe an, das in die Zweige hineingebaut war.

„Wo kommst du her?" fragten die Bauern verwundert, als sie ihn erblickten. „Ich bin von unten heraufgestiegen", antwortete der Junge. „Da hast du eine weite Reise gehabt", sprachen die Bauern, „bleib bei uns, daß wir dich in unsern Dienst nehmen!"

„Hat denn hier der Baum schon ein Ende?" fragte der Junge. „Nein", gaben die Bauern zurück, „der Wipfel liegt noch ein gut Stück höher."

„Dann kann ich auch nicht bei euch wohnen bleiben", versetzte der Junge, „ich muß in den Zopf hinauf. Aber zu essen könnt ihr mir geben; denn ich bin hungrig, und müde bin ich auch."

Da nahm ihn der Schulze des Dorfes in sein Haus, und er aß und trank, und nachdem er satt geworden war, legte er sich hin und schlief. Am andern Morgen bedankte er sich bei den Bauern, sagte ihnen Lebewohl und stieg weiter den Baum hinauf.

Die Sonne stand schon hoch am Himmel, als er ein großes Schloß erreichte. Da schaute eine Jungfrau zum Fenster hinaus, die freute sich sehr, daß ein Mensch gekommen war, sie in ihrer Einsamkeit zu trösten. „Komm zu mir herein und bleibe bei mir", sagte sie freundlich.

„Hat hier denn der hohe Baum sein

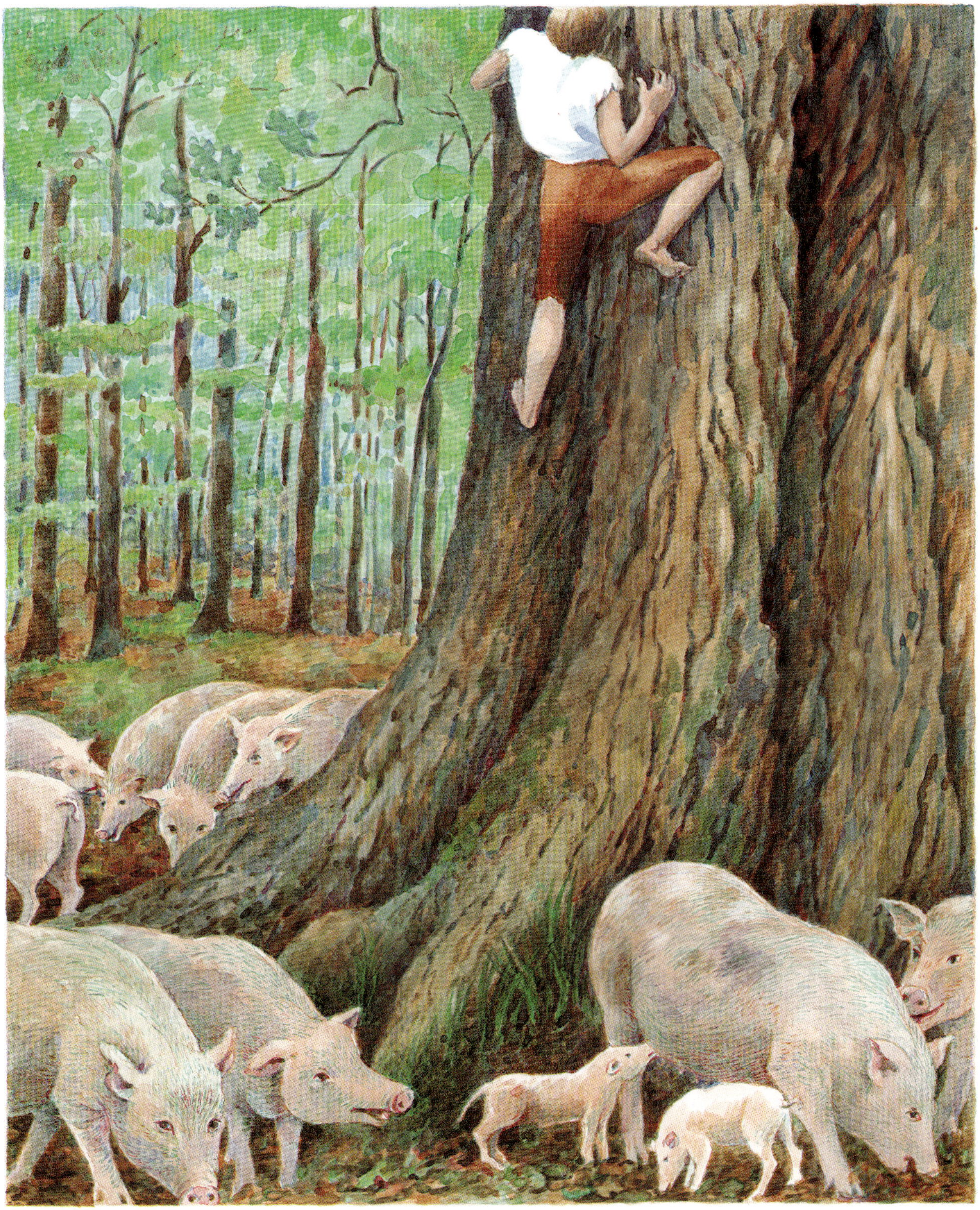

Ende?" fragte der Junge. „Ja, höher hinauf kannst du nicht", sprach die Jungfrau, „und nun komm herein, daß wir uns die Zeit vertreiben." – „Was machst du denn hier oben so alleine?" fragte der Junge.

Antwortete die Jungfrau: „Ich bin eines reichen Königs Tochter, und ein böser Zauberer hat mich hierher verwünscht, daß ich hier leben und sterben soll."

Sprach der Junge: „Da hätte er dich auch ein wenig tiefer verwünschen können."

Das half nun aber nichts, sie saß da oben und mußte da oben bleiben; und weil die Prinzessin ein hübsches, artiges Mädchen war, so beschloß er, nicht wieder zurückzukehren und mit ihr zusammen im Schlosse hauszuhalten.

Das war ein lustiges Leben, das die beiden da oben im Schlosse auf dem hohen Baume führten. Um Speise und Trank durften sie sich nicht sorgen; denn was sie wünschten, stand auch sogleich vor ihnen; nur wollte dem Jungen nicht behagen, daß die Prinzessin ihm verboten hatte, in ein bestimmtes Zimmer im Schlosse zu treten. „Gehst du hinein", hatte sie ihm gesagt, „so bringst du mich und dich ins Unglück."

Eine Zeitlang gehorchte er ihren Worten; endlich aber konnte er es nimmermehr aushalten, und als sie sich nach dem Essen hingelegt hatte, um ein Stündchen zu schlafen, nahm er den Schlüsselbund und suchte den Schlüssel hervor, ging hin und schloß die verbotene Türe auf.

Als er drinnen im Zimmer war, gewahrte er einen kohlschwarzen Raben, der war mit drei Nägeln an die Wand geheftet; der eine ging ihm durch den Hals, und die andern beiden durchbohrten seine Flügel.

„Gut, daß du kommst", schrie der Rabe, „ich bin vor Durst schier verschmachtet! Gib mir von dem Kruge, der dort auf dem Tische steht, einen Tropfen zu trinken, sonst muß ich elendiglich des Todes sterben."

Der Junge aber hatte über dem Anblick einen solchen Schrecken bekommen, daß er auf die Worte des Raben gar nicht achtete und zur Türe zurücktrat. Da schrie der Rabe mit kläglicher Stimme, daß es einen Stein erweichen konnte:

„Ach, geh nicht fort, ehe du mich genetzt hast; denke, wie dir zumute wäre, wenn dich jemand Durstes sterben ließe."

„Er hat recht", sprach der Junge bei sich, „ich will ihm helfen!" Dann nahm er den Krug vom Tische und goß ihm einen Tropfen Wasser in den Schnabel hinein. Der Rabe fing ihn mit der Zunge auf, und sobald er ihn heruntergeschluckt hatte, fiel der Nagel, der durch den Hals ging, zu Boden. „Was war das?" fragte der Junge. „Nichts", antwortete der Rabe, „laß mich nicht verschmachten und gib mir noch einen Tropfen Wasser!"

„Meinetwegen", sagte der Junge und goß ihm einen zweiten Tropfen in den Schnabel hinein. Da fiel auch der Nagel, welcher den rechten Flügel durchbohrt hatte, klirrend auf die Erde herab. „Nun ist's aber genug", sagte er.

„Nicht doch", bat der Rabe, „aller guten Dinge sind drei!"

Doch als der Junge ihm auch den dritten Tropfen eingeflößt hatte, war der Rabe seiner Fesseln frei, schwang die Flügel und flog krächzend zum Fenster hinaus.

„Was hast du getan?" rief der Junge

erschrocken. „Wenn es nur die Prinzessin nicht merkt!" Die Prinzessin merkte es aber doch; denn er sah kreidebleich aus, als er zu ihr in die Stube trat.

„Du bist wohl gar in dem verbotenen Zimmer gewesen?" sprach sie hastig. „Ja, das bin ich gewesen", antwortete der Junge kleinlaut, „aber ich habe dort weiter nichts Schlimmes verübt. Es hing nur ein verdursteter schwarzer Rabe an der Wand, dem gab ich zu trinken; und als er drei Tropfen getrunken hatte, fielen die Nägel, mit denen er angeheftet war, auf den Erdboden herab, und er bewegte die Flügel und flog durch das Fenster davon."

„Das ist der Teufel gewesen, der mich verzaubert hat", jammerte die Prinzessin, „nun wird's nicht mehr lange währen, so holt er mich nach!"

Und richtig, es dauerte nicht lange, so war eines Morgens die Prinzessin verschwunden, und sie kam nicht wieder, obgleich der Junge drei Tage lang auf ihre Rückkehr wartete.

„Kommt sie nicht zu mir, so gehe ich zu ihr!" sagte er bei sich, als sie auch am Abend des dritten Tages nicht wieder zurückgekehrt war, und machte sich an dem folgenden Morgen auf den Weg, den Baum herab. Als er in dem Dorfe ankam, fragte er die Bauern: „Wißt ihr nicht, wo meine Prinzessin geblieben ist?"

„Nein", sagten die Bauern, „wie sollen wir es wissen, wenn du es nicht weißt, der du von dem Schlosse kommst!"

Da stieg der Junge tiefer und tiefer, bis er endlich wieder auf den Erdboden gelangte. Nach Hause gehst du nicht, da gibt's Schläge, dachte er; darum wanderte er immer waldein, ob er nicht irgendwo die Spur der Prinzessin ausfindig machen könnte. Nachdem er drei Tage im Walde umhergeirrt war, begegnete ihm ein Wolf. Er fürchtete sich und floh; doch der Wolf rief: „Fürchte dich nicht! Aber sage mir, wohin führt dich dein Weg?"

„Ich suche meine Prinzessin, die mir gestohlen ist", antwortete der Junge.

„Da hast du noch weit zu laufen, ehe du sie bekommst", sagte der Wolf. „Aber hier hast du drei Spier Haare von mir. Wenn du in Lebensgefahr bist und die Haare zwischen den Fingern reibst, so bin ich bei dir und helfe dir aus der Not." Der Junge bedankte sich bei dem Wolf und ging weiter.

Über drei Tage kam ihm ein Bär in den Weg, und der Junge war vor Schreck wie versteinert; denn er hielt sich verloren. Auf einen Baum klettern nutzte zu nichts, denn der Bär wäre ihm nachgestiegen und hätte ihn in den Zweigen zerrissen. Der Bär war aber gar nicht blutdürstig gesinnt, sondern rief dem Jungen freundlich zu: „Fürchte dich nicht, ich tue dir kein Leid an. Erzähle mir nur, was dir fehlt."

Als der Junge sah, wie gutmütig der Bär war, sagte er dreist: „Mir fehlt meine Prinzessin, die hat mir ein böser Zauberer gestohlen, und ich wandere jetzt in der Welt umher, bis ich sie finde." – „Da hast du noch einen guten Weg, bis du zu ihr gelangst", erwiderte der Bär, „aber hier hast du drei Spier von meinen Haaren! Wenn du in Lebensgefahr kommst und meiner bedarfst, so reibe die Haare zwischen den Fingern, und ich bin bei dir und stehe dir bei."

Der Junge steckte die Haare zu sich, bedankte sich und zog wieder drei Tage im Walde umher.

Da begegnete ihm ein Löwe, und als der Junge vor Angst gerade auf einen Baum klettern wollte, rief das wilde Tier ihm zu: „Nicht doch, bleib unten, ich tue dir nichts."

„Das ist etwas anderes", sagte der Junge, und dann erzählte er auch dem Löwen, warum er ohne Weg und Steg in dem Wald herumlaufe. „Da hast du's gar nicht mehr weit", antwortete der Löwe, „eine gute Stunde von hier sitzt die Prinzessin in dem Jägerhaus. Mach dich auf und geh zu ihr! Und wenn du in Lebensgefahr kommst und mich brauchen kannst, so nimm diese drei Spier Haare und reibe sie zwischen den Fingern; dann bin ich bei dir und helfe dir aus aller Not."

Damit übergab er dem Jungen die drei Spier Haare und trottete weiter in den Busch hinein; der Junge aber schritt wacker zu, um das Jägerhaus bald zu erreichen.

Es dauerte auch gar nicht lange, so sah er es durch die Bäume schimmern, und noch ein klein Weilchen, so hatte er die Türe aufgeklinkt und stand in der Stube und sah die Prinzessin vor sich stehen. „Junge, wo kommst du denn her?" rief sie erstaunt. „Wo ich herkomme?" antwortete der Junge. „Denkst du, ich werde allein oben bleiben und dich bei dem bösen Zauberer lassen? Aber jetzt gib mir geschwind etwas zu essen, und dann wollen wir uns auf und davon machen und zu deinem Vater gehen!"

„Ach, mein Junge, das geht nicht so", sagte die Prinzessin traurig, „der alte Jäger, der mich bewacht, ist zwar den ganzen Tag über im Walde; aber er hat einen dreibeinigen Schimmel im Stalle, der weiß alle Dinge und jagt ihm sogleich nach, wenn wir geflohen sind. Und wenn er das weiß, so holt er uns bald ein." Der Junge ließ sich das aber wenig kümmern, aß und trank, und als er satt war, nahm er die Prinzessin bei der Hand und lief mit ihr aus dem Jägerhaus auf und davon.

Als sie ein Weilchen gegangen waren, schrie der dreibeinige Schimmel im Stalle Mord und Zeter und hörte nicht auf, bis der alte Jäger herbeigelaufen kam und ihn fragte, was ihm fehle. „Es ist jemand gekommen und hat die Prinzessin gestohlen!" schrie der Schimmel. „Sind sie schon weit?" fragte der Jäger. „Weit noch nicht", antwortete der Schimmel, „setz dich nur auf meinen Rücken, wir werden sie bald einholen!"

Als der Jäger den Jungen und die Prinzessin erblickte, rief er zornig: „Warum hast du mir meine Prinzessin gestohlen?"

„Warum hast du sie mir gestohlen?" gab ihm der Junge trotzig zurück. „Ach, du bist's", antwortete der alte Jäger, „da will ich dir die Sache diesmal verzeihen, weil du damals mitleidig warst und mich mit dem Wasser tränktest. Aber unterstehst du dich noch einmal und raubst mir die Prinzessin, so muß dich mein dreibeiniger Schimmel in den Erdboden stampfen, daß du des Lebens vergißt." Dann nahm er dem Jungen die Prinzessin ab, hob sie vor sich auf den Sattel und ritt mit ihr in das Jägerhaus zurück.

Der Junge schlich sich jedoch leise nach, und als der alte Zauberer wieder in den Wald gegangen war, trat er von neuem in das Haus hinein und sagte zur Prinzessin: „Höre einmal, ich rette dich doch! Wenn ich erst einen solchen Schimmel habe, wie ihn der alte Jäger besitzt. Ich werde unter das Bett kriechen, und du fragst ihn dann, wenn ihr im Bett seid, wie er den dreibeinigen Schimmel erworben hat." Damit war die Prinzessin einverstanden, und der Junge kroch unter das Bett und wartete, bis der Abend kam und der Jäger nach Hause kehrte.

„Väterchen", sagte die Prinzessin zutraulich, als der Zauberer zu Bette gegangen war, und kraulte ihm die struppigen Haare, „Väterchen, wie seid Ihr zu dem dreibeinigen Schimmel gekommen? Das ist ein prächtiges Pferd, ist klüger als ein Mensch und läuft schneller als der Wind." – „Das will ich dir sagen, mein Töchterchen", sprach der alte Jäger und schmunzelte über sein garstiges Gesicht, denn das Kraulen tat ihm wohl, „den Schimmel habe ich mir in drei Tagen erworben." – „Kann sich jeder Mensch ein solches Pferd verdienen?" fragte die Prinzessin.

„Gewiß", antwortete der Jäger, „wenn er klug ist, kann's ihm nicht fehlen. Ein Stündchen von hier im Walde wohnt eine Bauersfrau, das ist eine arge Hexe. Sie besitzt die schönsten Pferde weit und breit; und wer ihre Fohlen drei Tage zu hüten vermag, der kann sich zur Belohnung das Pferd aussuchen, das ihm von allen Tieren im Stalle am besten gefällt. Vorzeiten gab sie auch noch zwölf Lämmer obendrein; mir hat sie dieselben aber nicht gegeben; so kam's, daß die zwölf Wölfe, die in dem Walde wohnen, als ich mit meinem Schimmel davonritt, auf mich losstürzten. Und da ich keine Lämmer hatte, die ich ihnen vorwerfen konnte, so eilten sie meinem Schimmel nach, und ehe ich über die Grenze kam, die sie nicht überschreiten dürfen, hatten sie dem Tier den rechten Fuß ausgerissen, und seitdem hat er drei Beine bis auf den heutigen Tag."

„Wer nun aber die Fohlen nicht hüten kann, wie geht's dem? fragte die Prinzessin.

„Dem geht's schlecht", erwiderte der alte Jäger, „die Hexe schlägt ihm das Haupt ab und spießt es auf dem Zaune auf, der um das Gehöft geht; und da staken schon so viele Köpfe, daß sie bald einen neuen Zaun bauen mußte, um sie alle unterzubringen."

Jetzt wußte der Junge unter dem Bette genug; die Prinzessin hörte darum auf mit Fragen, und sie schliefen alle drei die ganze Nacht hindurch.

Am anderen Morgen, als der Jäger wieder in den Wald gegangen war, kroch der Junge unter dem Bette hervor, aß und trank mit der Prinzessin, und dann machte er sich auf den Weg nach dem Gehöft der Hexe, von dem der Jäger in der Nacht gesprochen hatte.

Es dauerte auch gar nicht lange, so sah er den Zaun mit den Menschenköpfen vor sich, und nun wußte er Bescheid, daß er nicht irregegangen sei. Als er an dem Hoftore war, trat ihm auch schon die Hexe entgegen und sprach zu ihm: „Was willst du hier?"

„Deine Fohlen hüten!" antwortete der Junge.

„Gut, ich will dich annehmen", sagte die Hexe, „und wenn du mit den Pferden jeden Abend hübsch pünktlich um acht Uhr nach Hause kommst, so darfst du dir nach drei Tagen das Pferd in meinem Stalle aussuchen, das dir am besten gefällt. Das soll dein Lohn sein! Kommst du aber später heim, so schlage ich dir das Haupt ab und stecke es auf den Staketenzaun."

„Das magst du tun", erwiderte der Junge, „aber der Lohn ist mir nicht hoch genug. Ich verlange außer dem Pferde noch zwölf Lämmer obendrein." – „Das habe ich früher getan", antwortete die Hexe, „aber die Zeiten sind schlechter geworden, und die Pferdezucht wirft die zwölf Lämmer nicht ab." – „Dann hüte ich gar nicht", antwortete der Junge.

Als die Hexe sah, daß er auf seinem Kopfe bestand, brummte sie: „Meinetwegen, bekommen wird er sie ja ebensowenig wie das Pferd", dann sprach sie laut: „Die Sache ist abgemacht, du sollst auch die zwölf Lämmer erhalten, und morgen früh treibst du meine zwölf Fohlen auf die Wiese."

Und so tat der Junge auch. Am frühen Morgen, ehe die Sonne aufging, schwang er sich dem stärksten Füllen auf den Rücken und ritt zur Wiese hinab, und es dauerte gerade eine halbe Stunde, bis er dort angelangt war. Um halb acht mußt du wieder aufbrechen, dachte er bei sich, dann ließ er die Fohlen grasen und legte sich hinter einen Schlehenbusch, um die schönen Sachen zu verzehren, die ihm die alte Hexe in den Kaliet (Korb) gepackt hatte. Da war Weißbrot und Braten und Wurst, aber das Beste von allem war eine halbe Flasche Branntwein. Als er die an die Lippen gesetzt hatte und der erste Schluck die Kehle hinabgelaufen war, da tat ihm der Trank so wohl, und er trank und trank, bis er den ganzen Branntwein ausgetrunken hatte. In den Branntwein hatte die alte Hexe aber einen Schlaftrunk gemischt, und so kam's, daß er in einen tiefen Schlaf verfiel.

Nachdem er endlich wieder aufgewacht war, rieb er sich die Augen und sah sich um. Ja, da war von den Fohlen nichts mehr zu sehen, sie waren auf und davon gegangen, und er klagte und jammerte und schlug sich mit der Hand vor den Kopf. Endlich fiel ihm der Wolf ein: „Wenn du in Not bist, sollst du die drei Spier Haare zwischen den Fingern reiben!" hat er dir gesagt! Und damit zog er die Wolfshaare aus der Tasche hervor und rieb sie zwischen den Fingern. Sogleich stand der Wolf neben ihm und sprach: „Was ist dir, mein Junge, womit kann ich dir helfen?"

„Ach, mir sind meine Fohlen weggekommen", jammerte der Junge, „und wenn du mir nicht hilfst, lieber Wolf, so schlägt mir die alte Hexe heute abend den Kopf ab und steckt ihn auf den Staketenzaun."

„Zehn Meilen sind die Fohlen schon gelaufen", antwortete der Wolf, „darum setz dich schnell auf meinen Rücken, und wenn ich sie eingeholt habe und ihnen vorgekommen bin, so schlage mit den drei Zäumen, die du in der Hand hast, drei Kreuze vor ihnen, und sie müssen stehenbleiben, als wären sie angewachsen."

Da setzte er sich dem Wolf auf den Rücken, und der lief so schnell, daß dem Jungen die Haare nur so flogen. Es dauerte auch gar nicht lange, so hatte der Wolf den Fohlen einen Vorsprung abgewonnen; der Junge schlug mit den Zäumen dreimal ein Kreuz, und sie konnten weder vorwärts noch rückwärts.

„Nun reite mit ihnen nach Hause", sprach der Wolf, „du wirst noch beizeiten heimkommen." Das ließ sich der Junge nicht zweimal sagen, er schwang sich auf den Rücken des stärksten Füllens hinauf, und dann kehrte er mit ihnen im Trabe zur Wiese zurück und langte dort an, ehe die Glocke die siebente Stunde verkündet hatte.

Dann ließ er die Tiere noch ein Weilchen abtrocknen und grasen, bis er sich um halb acht auf den Heimweg machte und zur rechten Zeit in das Gehöft zurückkehrte.

Die alte Hexe riß die Augen weit auf, als sie den Jungen mit den Fohlen zur rechten Zeit heimkehren sah; aber sie bezwang sich und reichte ihm freundlich die Hand und sprach:

„Du bist ein tüchtiger Hütejunge, du gefällst mir!"

Dann führte sie ihn in die Stube und setzte ihm Speise und Trank vor; doch während er aß, lief sie in den Stall und bearbeitete die Fohlen mit dem Besenstiel.

„Konntet ihr ihm denn nicht entlaufen, ihr ungehorsamen Tiere", rief sie zornig.

„Wir sind zehn Meilen gelaufen", schrien die Füllen, „er kam uns aber auf einem Wolfe nachgeritten und hat uns wieder zurückgebracht."

„Ein Wolf?" sagte die Hexe verwundert. „Das ist etwas anderes; da müssen wir schon ein stärkeres Mittel gebrauchen", und am anderen Morgen gab sie dem Jungen die Flasche, drei Viertel mit Branntwein gefüllt, mit auf den Weg. Der mundete ihm wieder so köstlich und tat ihm im Herzen so wohl, daß er ihn mit einem Zuge austrank; dann sank er um und schlief unter dem Schlehdornbusch ein und rückte und rührte sich nicht.

Als er endlich aufwachte, merkte er wohl, daß die Mittagszeit schon vorüber sei, und von den Fohlen war wiederum nichts mehr zu sehen. Diesmal besann er sich nicht lange. Gestern hat mir der Wolf geholfen, heute muß mich der Bär aus der Not retten, dachte er und rieb die Bärenhaare zwischen den Fingern. Und schon stand er vor ihm und sprach: „Was ist dir, meine Junge, und womit kann ich dir helfen?"

„Hilf mir zu meinen Fohlen", antwortete der Junge.

„Zwanzig Meilen sind sie schon gelaufen", sprach der Bär, „aber setz dich geschwind auf meinen Rücken, daß wir sie einholen." Da stieg der Junge dem Bären auf den Rücken, und der Bär lief, daß die Haare seines Reiters in der Luft sausten, und er hörte nicht eher auf, als bis er den Fohlen einen Vorsprung abgewonnen hatte. Darauf schlug der Junge mit den drei Zäumen die Kreuze, und als sie stillstanden, schwang er sich auf sein Handpferd hinauf und ritt so schnell wie möglich zur Wiese zurück; aber, so sehr er die Füllen auch laufen ließ, er konnte die Wiese vor halb acht nicht erreichen, so daß er stracks weiterreiten mußte, um noch zur Zeit in den Hof der Hexe zu gelangen.

„Das nenn ich mir einen Hirten", sagte die Alte freundlich, und doch war sie inwendig Gift und Galle, „jetzt komm nur herein und verzehr dein Abendbrot." Und als der Junge in der Stube saß und aß, lief sie wieder in den Stall hinab und hieb mit dem Besenstiel auf die Fohlen ein.

„Wir können nichts dafür", riefen die Fohlen und schrien vor Schmerz, „wir sind zwanzig Meilen gelaufen, da kam er uns nachgeritten auf einem Bären und hat uns wieder zurückgebracht."

„Auf einem Bären?" sagte die Hexe. „Der Junge ist stärker als ich. Aber warte nur, morgen sollst du mir nicht entkommen."

Den anderen Tag gab ihm die Hexe die ganze Flasche voll Branntwein mit auf den Weg, und der Junge bedankte sich noch bei der alten Hexe für das schöne Getränk. Und als er auf der Wiese angelangt war, trank er die ganze Flasche in einem Zuge aus und legte sich ins Gras und schlief fest ein und erwachte erst zur Nachmittagszeit wieder aus dem Schlafe. „Donner Sachsen! Hilft mir heute der Löwe nicht, so bin ich gewißlich verloren!" rief er erschrocken, zog die drei Spier Löwenhaare eilends aus der Tasche hervor und rieb sie zwischen den Fingern.

Alsbald stand der Löwe vor ihm und sprach: „Nur rasch auf meinen Rücken, wir haben keine Zeit zu verlieren! Dreißig Meilen haben die Fohlen schon zurückgelegt"; und als der Junge sich auf ihn gesetzt hatte, lief er, wie der Sturmwind saust, und die Haare sausten und summten dem Jungen um den Kopf, und als die Sonne sich ihrem

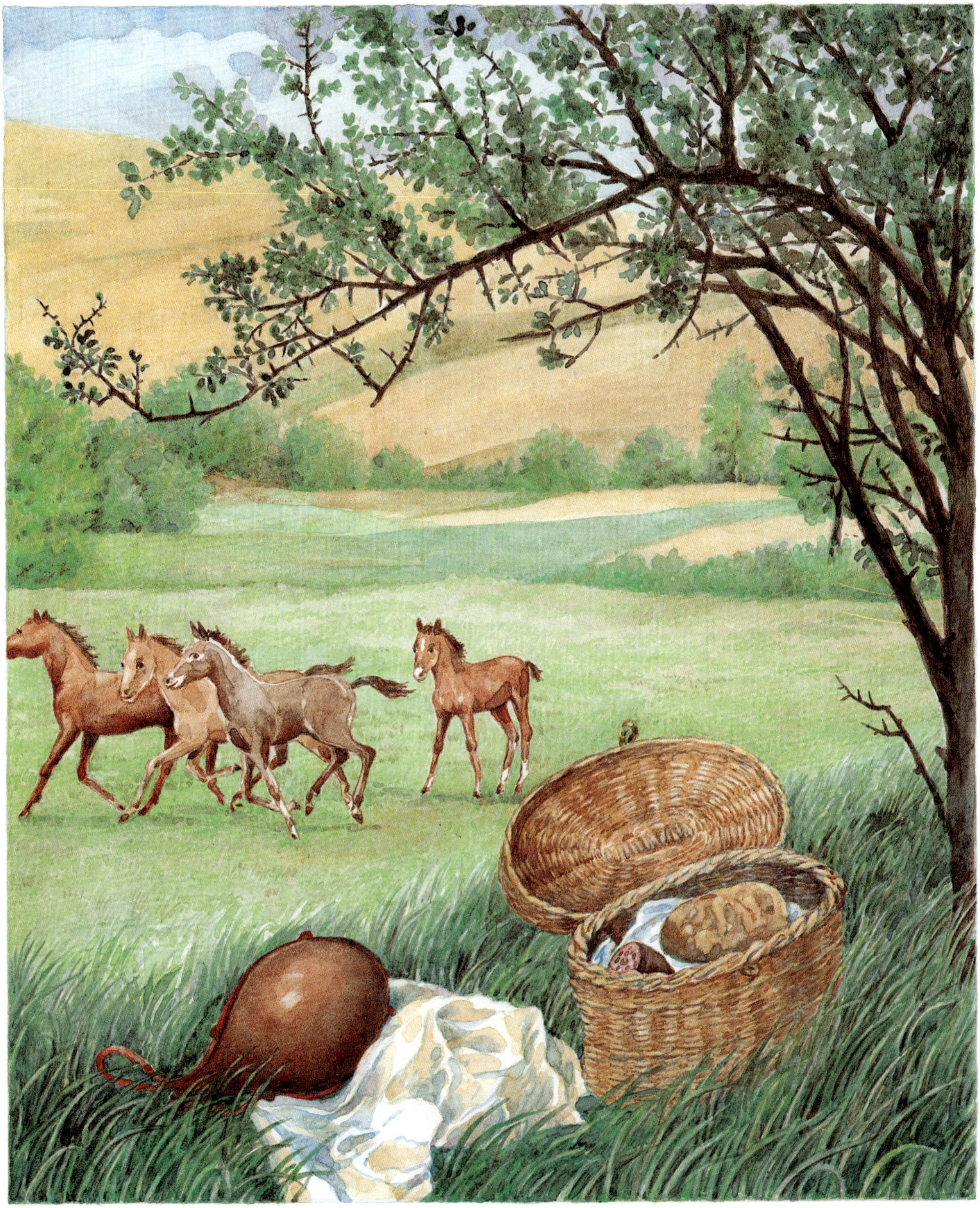

Untergang neigte, hatte der Löwe auch die Fohlen eingeholt und der Junge dieselben zum Stehen gebracht.

„So, nun spare Sporn und Peitsche nicht und laß sie laufen, was sie können, dann kommst du noch hin auf den Hof", rief der Löwe, und der Junge tat, wie ihm geheißen war, und spornte sein Pferd, daß ihm das Blut aus den Weichen floß, und hieb auf die anderen Fohlen mit der Peitsche ein, daß die Fetzen flogen, und langte ein Viertel vor acht auf der Wiese an.

Da war an Ruhe und Rast nicht zu denken, er trieb die Füllen nur um so stärker an, und als die Glocke acht schlug, war er im Torweg, und die Flügel des Tores, welche die Alte zuwarf, hätten ihm beinahe die Fersen abgeschlagen.

„Das war die höchste Zeit!" rief der Junge atemlos und trat in das Haus hinein; die Alte aber lief zu den Fohlen und schlug sie mit dem Besenstiel, daß es einen Stein erbarmen konnte.

„Wir können nichts dafür, verschon uns", baten die Fohlen, „wir sind dreißig Meilen gelaufen, er aber kam uns auf einem Löwen nachgejagt und hat uns in Eile wieder zurückgebracht."

Als die Hexe das hörte, ließ sie nach mit dem Schlagen und kehrte ärgerlich in die Stube zurück; dafür ging jetzt der Junge in den Stall hinein, um sich ein Pferd auszusuchen, und der Hexe kleine Tochter begleitete ihn. In dem Stalle standen viele Pferde, und eins war immer schöner als das andere.

Ganz hinten aber stand in einer besonderen Bucht ein hochbeiniger, magerer Schimmel. „Das ist meiner Mutter Reitpferd", sagte das kleine Mädchen, „das läuft so schnell wie der Wind." Da wußte der Junge genug und ging wieder hinein zu der alten Hexe.

Am anderen Morgen sagte die Hexe: „Nun, Junge, welches Pferd willst du haben als Lohn für die Hütezeit?" – „Den Schimmel in der kleinen Bucht", antwortete der Junge. „Ach, was willst du mit dem, der ist ja das Mitnehmen nicht wert! Sieh doch, wie mager und schmutzig er aussieht. Nein, mit dem Tier kann ich dich nicht ziehen lassen, die Leute würden über mich reden, wenn ich dir solch ein Pferd zum Lohne gäbe!"

Der Junge blieb aber bei seinem Willen, und da mußte sich die Hexe wohl oder übel fügen.

Als er jedoch aus dem Stalle getreten war, holte sie schnell einen Bohrer herbei und bohrte damit dem Schimmel Löcher durch alle vier Hufe, darauf nahm sie ein

Rohr und sog ihm alles Mark aus seinem Gebein und tat es in einen irdenen Topf. Dann nahm sie Mehl, mengte es mit dem Mark und buk einen Dinsback (Kuchen) daraus. Den schob sie dem Jungen ins Vorderhemd, daß er unterwegs zu essen habe und nicht Hunger leide.

Nachdem sie das getan hatte, holte sie zwölf Lämmer aus dem Stalle hervor und band sie an den Hinterfüßen an einer Schnur auf und hing sie über den Schimmel.

„Da hast du deinen Lohn", sprach sie, und der Junge sagte ihr Lebewohl und ging neben dem Schimmel her zum Torweg hinaus. Auf das Pferd setzen mochte er sich nicht, denn es trat so steif auf und ließ sich so schwach an, als ob es bald sterben müsse. Auch wunderte ihn, daß es immer mit der Zunge nach seinem Vorderhemd leckte. „Was willst du denn dort, Schimmelchen?" fragte der Junge mitleidig.

Da hub der Schimmel zu reden an und sprach: „Ich lecke nach dem Dinsback; denn die alte Hexe hat mir mit einem Rohr alles Mark aus meinem Gebein durch die Hufe gesogen, hat es mit Mehl gemengt und in deinen Dinsback gebacken."

„Dann iß ihn nur", sprach der Junge, „denn er steht dir von Rechts wegen zu." Und als der Schimmel den Kuchen gegessen hatte, kam die alte Kraft wieder in sein Gebein, und der Junge schwang sich auf seinen Rücken, und er griff mächtig aus.

Es dauerte aber nicht lange, so kamen sie in den Wald, und wie sie ein wenig darin gewesen waren, stürzten die zwölf Wölfe, von denen der alte Jäger gesprochen, auf sie los.

Rasch schnitt der Junge mit seinem scharfen Messer die Schnur entzwei, und die zwölf Lämmer fielen auf die Straße herab, und die zwölf Wölfe stürzten über sie her und erwürgten sie und fraßen sie auf. Als sie die Lämmer gefressen hatten, war der Schimmel aber schon weiter gekommen, als die Macht der Hexe reichte, und der Junge hatte ihn also mit heilem Leibe vor den Wölfen in Sicherheit gebracht.

Nun machte er, daß er zu dem Jägerhäuschen kam. Dort ließ er den Schimmel am Torpfosten halten und lief hinein, holte die Prinzessin heraus und setzte sie vorne auf das Roß; dann schwang er sich selbst hinauf und ließ den Schimmel laufen, was er laufen wollte. Als er fort war, erhob der dreibeinige Schimmel wie damals einen grausamen Lärm und ruhte nicht eher, als bis der alte Zauberer herbeigelaufen kam und fragte: „Warum schreist du so? Was ist denn geschehen?"

„Der Junge ist wieder hier gewesen und hat die Prinzessin geraubt", antwortete der dreibeinige Schimmel.

„Sind sie schon weit?"

„Nein, weit sind sie noch nicht, wir werden sie schon einholen; setz dich nur auf meinen Rücken." Das tat der Zauberer und ritt dem Jungen nach.

„Schimmelchen, lauf! Schimmelchen lauf!" rief der Junge, als er den Zauberer erblickte; aber der Schimmel lief nicht, sondern ging gemächlich Schritt. Da war's denn kein Wunder, daß der alte Jäger sie einholte. „Räuber!" rief er dem Jungen zu. „Hab ich dir's nicht gesagt, du solltest es nicht noch einmal wagen, die Prinzessin zu stehlen; nun soll dich mein Schimmel in den Erdboden stampfen."

Indem er das sagte, rief der vierbeinige Schimmel dem dreibeinigen zu: „Schwesterchen, wirf ihn ab!" Da warf der dreibeinige Schimmel den alten Zauberer auf die Erde, und der vierbeinige kam ihm zu Hilfe, und dann traten sie so lange mit ihren harten Hufen auf ihm herum, bis auch kein einziger Knochen unzermalmt war.

Als der Zauberer tot war, setzte der Junge die Prinzessin auf den dreibeinigen Schimmel, er selbst blieb sitzen, wo er war, und sie ritten zusammen in das Königreich, wo der Vater der Prinzessin regierte. Da war einmal die Freude groß, als er seine einzige Tochter wieder hatte, und als er hörte, daß der Junge sie erlöst habe, gab er sie ihm sogleich zur Frau, und es wurde Hochzeit gefeiert in großer Pracht und Herrlichkeit.

Der alte König starb bald darauf; da wurde der arme Schweinejunge König an seiner statt, und er herrschte über seine Untertanen nach Recht und Gerechtigkeit. Eines Tages fielen ihm seine beiden Schimmel ein, und er ging in den Stall hinab, wo sie untergebracht waren. Da sprach der vierbeinige Schimmel zu ihm:

„Mein Schwesterchen und ich haben dir geholfen, nun hilf du uns auch. Zieh dein Schwert und schlag uns das Haupt ab."

Antwortete der junge König: „Das werde ich bleiben lassen; ich habe euch viel zu lieb, und so lohnt man seinen Freunden nicht."

„Wenn du mir nicht gehorchen willst", sprach der Schimmel, „so schaffen wir dir Unglück über Unglück auf den Hals." Das wollte der junge König auch nicht haben, drum zog er das Schwert aus der Scheide und schlug damit den beiden Schimmeln die Köpfe ab.

Kaum hatte er das getan, so standen ein stattlicher Prinz und eine wunderschöne Prinzessin vor ihm, die bedankten sich, daß er sie erlöst habe.

Derselbe alte Jäger, der die junge Königin auf den hohen Baum verwünscht, hatte auch sie in Pferde verwandelt; nun aber waren sie und ihr ganzes Reich von dem Zauber erlöst, und die ganzen großen Wälder, in denen der alte Jäger sein Wesen getrieben hatte, waren mit erlöst und jetzt Städte und Dörfer, Mühlen und Seen geworden, und der Prinz und die Prinzessin waren Herrscher über das ganze Land.

Sie blieben noch eine Zeitlang bei ihrem Erlöser und seiner Frau, dann zogen sie in ihr eigenes Königreich.

Der junge König lebte mit seiner Frau glücklich und zufrieden sein Leben lang, und wenn sie nicht gestorben sind, dann leben sie heute noch.